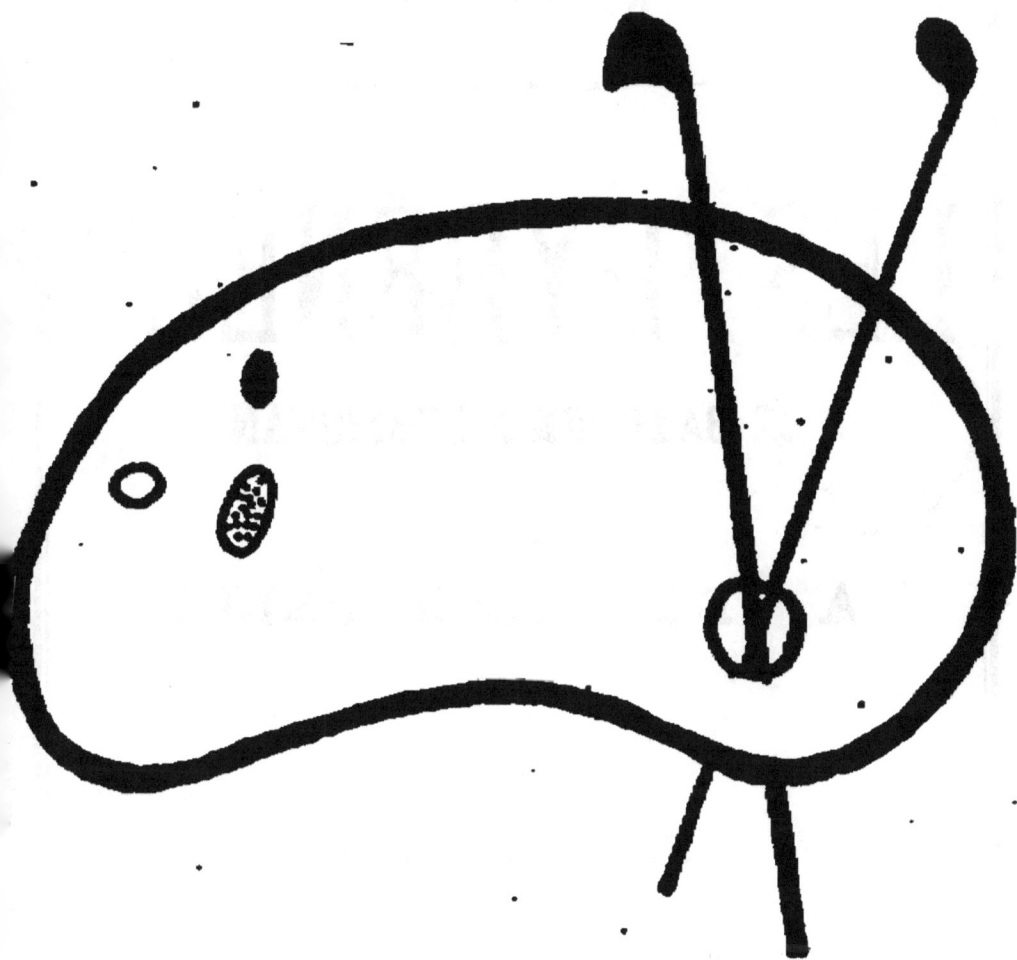

DEBUT D'UNE SERIE DE DOCUMENTS
EN COULEUR

GUIDES VÉLOCIPÉDIQUES

RÉGIONAUX

LES PYRÉNÉES

DE BAYONNE A PERPIGNAN

PAR

A. DE BARONCELLI

Prix : 2 francs

PARIS

—

...TE CHEZ TOUS LES LIBRAIRES

TABLE DES PRINCIPALES LOCALITÉS

Les hôtels précédés d'un astérisque sont particulièrement recommandés aux touristes cyclistes.

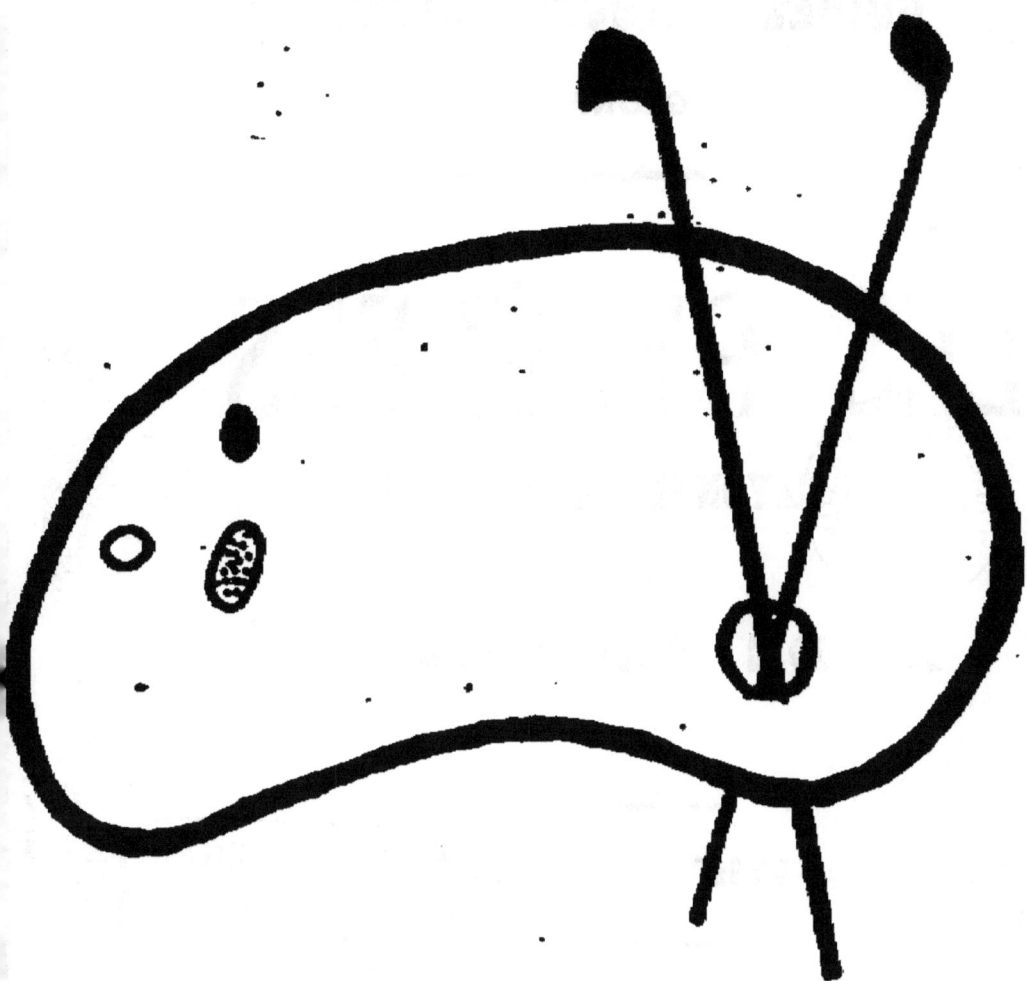

FIN D'UNE SERIE DE DOCUMENTS
EN COULEUR

GUIDES VÉLOCIPÉDIQUES

RÉGIONAUX

LES PYRÉNÉES

DE BAYONNE A PERPIGNAN

PAR

A. DE BARONCELLI

Prix : 2 francs

PARIS

—

EN VENTE CHEZ TOUS LES LIBRAIRES

PRÉFACE

Ayant souvent constaté combien de cyclistes, à la veille d'entreprendre une excursion un peu prolongée, sont embarrassés sur le choix du voyage et pour en établir d'avance les étapes, nous pensons pouvoir leur être utile en publiant un itinéraire spécial pour chacune des principales régions les plus intéressantes de la France.

C'est dans cette intention que nous présentons aujourd'hui, aux touristes cyclistes, le guide des **Pyrénées***, le septième de la série que nous comptons faire paraître.*

Toutefois, voulant rendre l'ouvrage très portatif, nous nous sommes bornés à donner la description de la route au point de vue purement vélocipédique, à l'indication exacte des distances séparant les localités, au bon choix des hôtels (toujours se présenter avec notre guide) et au partage qui nous a paru le plus rationnel des étapes journalières.

Quant aux longueurs des côtes et des espaces pavés, nous adopterons, pour les mesurer, le temps de marche nécessaire à franchir ces passages, à pied, à raison d'environ 4 ou 5 kilomètres à l'heure, aussi exprimerons-nous leur durée en minutes et en heures.

Néanmoins, beaucoup de cyclistes, légèrement chargés, pourront gravir en machine plusieurs des rampes ainsi mentionnées; le renseignement du temps, pour les monter à pied, s'adressant particulièrement aux touristes non entraînés.

Pour le détail historique et descriptif des villes et des contrées, nous conseillons aux cyclistes de se munir du Guide Joanne ou du Guide Conty, correspondant à la partie visitée des Pyrénées.

Le touriste, préférant bien voir en détail et sans fatigue, désirant séjourner quelques heures dans les localités qui offrent de l'intérêt et conserver de son excursion un souvenir durable, suivra à la lettre nos étapes; cependant, s'il se sent de force, rien ne l'empêchera de les doubler, mais nous ne saurions l'y engager, à moins qu'il veuille se contenter d'impressions fugitives, résultat inévitable d'un voyage fait trop à la hâte.

TABLE MÉTHODIQUE

PYRÉNÉES ORIENTALES

PLAN DU VOYAGE

BORDEAUX, DAX

PYRÉNÉES OCCIDENTALES
(Pays basque)

Bayonne, Biarritz, Saint-Jean-de-Luz, Hendaye,
Fontarabie, Saint-Jean-de-Luz,
Cambo, Saint-Jean-Pied-de-Port, Roncevaux,
Mauléon, Saint-Christau, Oloron, Pau.

PYRÉNÉES CENTRALES
(Stations thermales)

Pau, Les Eaux-Chaudes, Les Eaux-Bonnes,
Argelès-Gazost, Lourdes, Argelès-Gazost,
Pierrefitte-Nestalas, Cauterets, Pierrefitte-Nestalas,
Saint-Sauveur, Gavarnie, Luz, Barèges,
Pic du Midi-de-Bigorre, Bagnères-de-Bigorre, Arreau,
Bagnères-de-Luchon, Saint-Béat, Juzet-d'Izaut,
Saint-Lary, Saint-Girons, Aulus,
Massat, Tarascon-sur-Ariège, Foix.

PYRÉNÉES ORIENTALES

(La Cerdagne et le Roussillon)

Foix, Tarascon-sur-Ariège, Ussat-les-Bains,
Ax-les-Thermes,
l'Hospitalet, Bourg-Madame, Puigcerda,
Bourg-Madame, Mont-Louis.

ou Ax-les-Thermes, Belcaire, Axat,
Bains de Carcanières et d'Escouloubre, Formiguères,
Mont-Louis.

Vernet-les-Bains, Prades, Perpignan.
Amélie-les-Bains,
Bains de La Preste, Amélie-les-Bains,
Céret, Bains du Boulou,
Argelès-sur-Mer,
Port-Vendres, Banyuls-sur-Mer,
Elne, Perpignan.
Saint-Paul-de-Fenouillet, Quillan, Belesta,
Lavelanet, Foix.

———

TOULOUSE

———

(Pour ce voyage, consulter la Carte de France du Ministère de la guerre, au 200.000ᵐᵉ, portant les nᵒˢ 69, 70, 71, 76, 77 et 78.)

Nota. — Le cycliste venant de Paris se rendra à Bayonne, soit par le chemin de fer (87 fr. 70 ; 59 fr. 20 ; 38 fr. 60), soit par la route. Dans ce dernier cas il devra suivre l'itinéraire ci-dessous, de **Paris à Bayonne (782 ou 840 kil.)**, dont la description plus détaillée se trouve dans notre *Guide routier de la France*.

DE PARIS A BAYONNE

Par Suresnes (4), Montretout (4), Ville-d'Avray (3), **Versailles** (5), La Minière (5), Voisins-le-Bretonneux (3), Dampierre (10), Garne (3), Les Cascades (4), La Villeneuve (7), **Rambouillet** (3 — Hôt. du *Lion-d'Or*), Orphin (10), Ecrosne (5), Gallardon (3 — Hôt. des *Trois-Marchands*), Coltainville (10), **Chartres** (8 — Hôt. du *Grand-Monarque*), Luisant (2), Thivars (6), La Bourdinière (7), Vitray-en-Beauce (5), **Bonneval** (11 — Hôt. de *France*), Flacey (5), Marboué (3), **Châteaudun** (6 — Hôt. de la *Place*), **Cloyes** (11 — Hôt. *Saint-Jacques*), Saint-Hilaire (7), Pezou (10), Lisle (3), **Vendôme** (6 — Hôt. du *Commerce*), Neuve-Saint-Amand (13), **Châteaurenault** (13 — Hôt. de l'*Ecu-de-France*), La Roche (3), Monnaie (12 — Hôt. de la *Gare*), **Tours** (16 — Hôt. des *Négociants*), Chambray (7), **Montbazon** (6 — Hôt. du *Croissant*), Sorigny (5), Sainte-Catherine-de-Fierbois (13), **Sainte-Maure** (4 — Hôt. du *Cheval-Blanc*), La Celle-Saint-Avant (10), Port-de-Piles (3), Les Ormes (3 — Hôt. du *Faisan*), **Dangé** (4 — Hôt. de l'*Espérance*), Ingrande (8), **Châtellerault** (7 — Hôt. de l'*Univers*), Les Barres-de-Naintré (8), La Tricherie (5), Grand-Pont (13), **Poitiers** (6 — Hôt. des *Trois-Piliers*), Saint-Benoît (6), **La Ville-Dieu** (9 — Hôt. *Morineau*), **Gençais** (13 - Hôt. de la *Boule-d'Or*), La Ferrière-Airoux (6), Sommières (6), **Civray** (16 — Hôt. de *France*), **Ruffec** (16 — Hôt. *Deschandélleri*), Les Nègres (6), **Mansle** (11 — Hôt. *Couturier*), Tourriers (6), La Touche (3), Pontouvre (10), **Angoulême** (4 — Hôt. de *France*), La Couronne (7), Roullet (6 — Hôt. des *Messageries*), Pétignac (6), Pont-à-Brac (6), **Barbezieux** (7 — Hôt. de la *Boule-d'Or*), Reignac (7), La Graule (7), Chevanceaux (6 — Hôt. *Barraud*), **Montguyon** (10 — Hôt. de l'*Etoile*), **Guîtres** (22 — Hôt. de la *Poste*), Saint-Denis-de-Pilles (5), Les Billaux (6), **Libourne** (4 — Hôt. de l'*Europe*), Arveyres (5), Beychac (10),

Les Quatre-Pavillons (**10**), **Bordeaux** (**6** — Hôt. des *Américains*; de *Normandie*), le Pont-de-la-Maye (**7**), Sarcignan (**1**),
Bicom (**4**), Léognan (**3**), Saucats (**6**), La Tuilerie (**6**), Haut-Villa-
grains (**4**), Hostens (**10** — Hôt. de la *Poste*), Mano (**9**), Belhade
(**5**), Moustey (**6**). **Pissos** (**6** — Hôt. *Boutevin*), Commensacq
(**12**), **Sabres** (**10** — Hôt. *Durban*), Luglon (**9**), Arengosse (**11**),
Villenave (**5**), Carcen-Ponson (**9**), **Tartas** (**6** — Hôt. du *Commerce*), Audon (**4**), Onard (**3**), Vicq (**2**), Saint-Jean-de-Lier (**2**),
Gousse (**2**). Pontoux (**4**), **Saint-Paul-les-Dax** (**12** — Hôt.
de la *Paix*, à Dax), Labourze (**3**), Saint-Geours-de-Marenne (**12**),
Saint-Vincent-de-Tyrosse (**7** — Hôt. de *France*), Benesse
(**5**), Labenne (**7**), Ondres (**4**), Tarnos (**3**) et **Bayonne** (**7** —
Hôt. du *Panier-Fleuri*).

ou :

Bordeaux, le Pont-de-la-Maye (**7**), Le Bouscaut (**5**), Laprade
(**7**), Castres (**6**), Arbanats (**5**), **Podensac** (**4** — Hôt. *Poissonté*),
Cérons (**3**), Barsac (**4** — Hôt. *Pascaud*), Preignac (**3**), **Langon**
(**5** — Hôt. du *Cheval-Blanc*), Saint-Germain-d'Auros (**6**), **Auros**
(**3**), Labescau (**6**), **Grignols** (**9** — *Grand-Hôtel*), Antagnac
(**6**), **Casteljaloux** (**8** — Hôt. du *Centre*), Pompagne (**9**),
Houeillès (**7** — Hôt. du *Centre*), Lubbon (**11**), Lapeyrade (**6**),
Saint-Justin (**17** — Hôt. de *France*), **Pille-l'Ardit** (**7**), Le
Caloy (**6**), **Mont-de-Marsan** (**10** — Hôt. *Richelieu*), Campagne (**11**), Meilhan (**6**) et **Tartas** (**9**).

Ce dernier itinéraire, qui allonge de 58 kil., présente un terrain
meilleur et est choisi de préférence par les cyclistes

De **Bordeaux** à Pau, par Pille-l'Ardit (**146** — *V.* ci-
dessus), **Villeneuve-de-Marsan** (**8** — Hôt. *Maubourguet*),
Saint-Geinx (**6**), Marquestan (**7**), **Aire-sur-l'Adour** (**9** —
Hôt. de la *Paix*), Le Boué (**3**), Pourin (**3**), Saint-Agnet (**4**),
Barron (**2**), **Garlin** (**5** — Hôt. *Jaudet*), Boeilho (**4**), Garlède
(**3**), Lalouquette (**2**), Auriac (**3**), Buret (**6**), Pont-de-Bruscos (**4**)
et **Pau** (**9** — Hôt. *Central*).

DE PARIS A TOULOUSE

V. l'itinéraire en sens inverse, page 174.

CONSEILS PRATIQUES

On trouvera en tête de notre *Guide routier de la France* les renseignements généraux concernant la façon la plus pratique, selon nous, de voyager à bicyclette et de s'équiper. Nous rappellerons seulement, ici, que pour parcourir les régions montagneuses des Pyrénées, il est absolument indispensable de munir sa machine d'un frein. Il sera même prudent d'en avoir deux : le premier, appliqué à la roue de devant, et le second, à la roue d'arrière, celui-ci pouvant rester bloqué à volonté (genre des freins *Péchard*, *Masson*, *Carloni*). Avec deux freins, on descendra agréablement toute côte en évitant les inconvénients du *traînage de fagot*.

Quant aux bandages, de bons caoutchoucs creux (genre du « *Touriste* » de la maison *Torrilhon*) seront toujours préférables aux pneumatiques pour pouvoir se servir sans crainte des freins et s'engager sur des routes de montagnes, souvent éloignées des centres où il serait possible de se faire réparer.

En résumé : des cercles increvables, deux bons freins, une selle bien suspendue, de confortables repose-pieds pour les descentes, une fourche incassable, sont les conditions essentielles d'une bicyclette destinée à parcourir les montagnes.

DURÉE DU VOYAGE

En quarante-quatre jours, si on suit à la lettre l'itinéraire entier selon la *Division du Temps* indiqué à la page X; en trente-sept jours, si on supprime les itinéraires facultatifs des 5e, 17e, 19e, 41e, 42e, 43e et 44e jours.

Le touriste, disposant de moins de temps, pourra encore visiter séparément l'une des trois parties des Pyrénées, occidentales, centrales ou orientales, en prenant son point de départ soit à Bayonne, à Pau ou à Foix.

DIVISION DU TEMPS

1ᵉʳ Jour — Visite de la ville de Bayonne. Dîner et coucher à Bayonne.

2ᵉ Jour. — Départ de Bayonne. Visite de l'embouchure de l'Adour. Déjeuner à Biarritz. Visite de la ville. Départ de Biarritz. Arrivée à Saint-Jean-de-Luz. Visite de la ville. Dîner et coucher à Saint-Jean-de-Luz ou à Hendaye.

3ᵉ Jour. — Départ de Saint-Jean-de-Luz. Arrivée à Hendaye. Visite de la plage d'Hendaye et de la ville de Fontarabie. Départ d'Hendaye après le déjeuner. Retour en chemin de fer à Saint-Jean-de-Luz. Départ de Saint-Jean-de-Luz, par la route, pour Cambo. Dîner et coucher à Cambo.

4ᵉ Jour. — Départ de Cambo. Visite du Pas de Roland. Déjeuner à Bidarray. Dîner et coucher à Saint-Jean-Pied-de-Port.

5ᵉ Jour (*facultatif*). — Visite de la vallée de Roncevaux.

6ᵉ Jour. — Départ de Saint-Jean-Pied-de-Port après le déjeuner. Dîner et coucher à Mauléon.

7ᵉ Jour. — Départ de Mauléon. Déjeuner à Tardets. Dîner et coucher à Saint-Christau.

8ᵉ Jour. — Départ de Saint-Christau. Arrivée à Oloron. Visite de la ville. Départ d'Oloron après le déjeuner. Dîner et coucher à Pau.

9ᵉ Jour. — Visite de la ville de Pau. Déjeuner, dîner et coucher à Pau.

10ᵉ Jour. — Départ de Pau. Déjeuner à Louvie-Juzon. Dîner et coucher aux Eaux-Chaudes.

— XI —

11ᵉ Jour. — Départ des Eaux-Chaudes. Déjeuner aux Eaux-Bonnes. Visite de la ville et promenade aux alentours. Dîner et coucher aux Eaux-Bonnes.

12ᵉ Jour. — Départ des Eaux-Bonnes. Dîner et coucher à Argelès-Gazost.

13ᵉ Jour. — Départ d'Argelès-Gazost. Déjeuner à Lourdes. Visite de la ville. Retour à Argelès par la route ou le chemin de fer. Dîner et coucher à Argelès-Gazost.

14ᵉ Jour. — Départ d'Argelès-Gazost. Passage à Saint-Savin. Déjeuner à Pierrefitte-Nestalas. Départ de Pierrefitte-Nestalas, par le tramway électrique, pour Cauterets. Arrivée à Cauterets. Visite de la ville et promenade aux alentours. Dîner et coucher à Cauterets.

15ᵉ Jour. — Départ de Cauterets. Déjeuner à Saint-Sauveur. Dîner et coucher à Gavarnie.

16ᵉ Jour. — Dans la matinée, visite du cirque de Gavarnie. Déjeuner à Gavarnie ou à Luz. Visite de l'église de Luz et promenade à la Chapelle Solferino et au Château Solferino. Dîner et coucher à Barèges.

17ᵉ Jour (*facultatif*). — Ascension du pic du Midi-de-Bigorre.

18ᵉ Jour. — Départ de Barèges. Passage aux cascades de Gripp. Déjeuner à Gripp. Arrivée à Bagnères-de-Bigorre. Visite de la ville. Dîner et coucher à Bagnères-de-Bigorre.

19ᵉ Jour (*facultatif*). — Séjour à Bagnères-de-Bigorre. Promenade circulaire de la Fontaine-des-Fées, du Mont-Bédat et des bains de Salut. Déjeuner au restaurant de la Fontaine-des-Fées. Dîner et coucher à Bagnères-de-Bigorre.

20ᵉ Jour. — Départ de Bagnères-de-Bigorre. Déjeuner à Sainte-Marie ou à Payole. Dîner et coucher à Arreau.

21ᵉ Jour. — Départ d'Arreau. Dîner et coucher à Bagnères-de-Luchon.

22ᵉ Jour. — Dans la matinée, visite de la ville de Bagnères-de-Luchon. Dans la journée, promenade à bicyclette du tour du Vallon. Dîner et coucher à Bagnères-de-Luchon.

23ᵉ Jour. — Départ de Bagnères-de-Luchon. Déjeuner à Saint-Béat. Visite du château. Dîner et coucher à Juzet-d'Izaut.

24ᵉ Jour. — Départ de Juzet-d'Izaut. Passage du col de Portet. Déjeuner à Saint-Lary. Dîner et coucher à Saint-Girons.

25ᵉ Jour. — Départ de Saint-Girons. Arrivée à Aulus. Visite du village, des bains et du casino. Dîner et coucher à Aulus.

26ᵉ Jour. — Départ d'Aulus après le déjeuner. Dîner et coucher à Massat.

27ᵉ Jour. — Départ de Massat. Montée du col de Port dans la matinée. Déjeuner à Saurat. Passage à Tarascon-sur-Ariège. Dîner et coucher à Foix.

28ᵉ Jour. — Dans la matinée, visite de la ville de Foix. Déjeuner à Foix. Retour à Tarascon-sur-Ariège par la route ou par le chemin de fer. Dîner et coucher à Tarascon-sur-Ariège.

29ᵉ Jour. — Départ de Tarascon-sur-Ariège. Déjeuner à Ussat-les-Bains. Visite de la grotte de Lombrive. Dîner et coucher à Ussat-les-Bains.

30ᵉ Jour. — Départ d'Ussat-les-Bains. Déjeuner à Ax-les-Thermes. Visite de la ville. Dîner et coucher à Ax-les-Thermes.

31ᵉ Jour. — Départ d'Ax-les-Thermes. Déjeuner à l'Hospitalet. Arrivée à Bourg-Madame. Dîner et coucher à Bourg-Madame.

32ᵉ Jour. — Dans la matinée, visite de la ville espagnole de Puigcerda. Déjeuner à Puigcerda. Départ de Bourg-Madame. Dîner et coucher à Mont-Louis.

33ᵉ Jour. — Départ de Mont-Louis. Déjeuner à Olette. Dîner et coucher à Vernet-les-Bains.

34ᵉ Jour. — Départ de Vernet-les-Bains. Déjeuner à Prades. Dîner et coucher à Perpignan.

35ᵉ Jour. — Visite de la ville de Perpignan. Déjeuner, dîner et coucher à Perpignan.

Ou: *31ᵉ Jour.* — Départ d'Ax-les-Thermes. Déjeuner à Belcaire. Descente de la vallée du Rébenty. Dîner et coucher à Axat.

32ᵉ Jour. — Départ d'Axat. Traversée des gorges de Saint-Georges. Déjeuner aux bains de Carcanières. Dîner et coucher à Mont-Louis.

36ᵉ Jour. — Départ de Perpignan. Déjeuner à Amélie-les-Bains. Visite de la ville et promenade aux alentours. Dîner et coucher à Amélie-les-Bains.

37ᵉ Jour. — Départ d'Amélie-les-Bains. Déjeuner à Prats-de-Mollo. Dîner et coucher aux bains de La Preste.

38ᵉ Jour. — Départ des bains de La Preste. Déjeuner à Amélie-les-Bains. Passage à Céret. Dîner et coucher aux bains du Boulou.

39ᵉ Jour. — Départ des bains du Boulou. Déjeuner à Port-Vendres. Visite de la ville. Excursion à Banyuls-sur-Mer. Dîner et coucher à Port-Vendres.

40ᵉ Jour. — Départ de Port-Vendres après le déjeuner. Passage à Elne. Visite de la cathédrale et du cloître d'Elne. Dîner et coucher à Perpignan.

41ᵉ Jour *(facultatif)*. — Départ de Perpignan après le déjeuner. Dîner et coucher à Saint-Paul-de-Fenouillet.

42ᵉ Jour *(facultatif)*. — Dans la matinée, promenade au pont de la Fou. Départ de Saint-Paul-de-Fenouillet après le déjeuner. Dîner et coucher à Quillan.

43ᵉ Jour *(facultatif)*. — Départ de Quillan. Déjeuner à Belesta. Promenade à la fontaine intermittente de Fontestorbes. Dîner et coucher soit à Belesta, soit à Lavelanet.

44ᵉ Jour *(facultatif)*. — Départ de Belesta. Déjeuner à Lavelanet. Dîner et coucher à Foix.

SIGNES ET ABRÉVIATIONS

Alt.	Altitude.	G.	Gauche.
Aub.	Auberge.	H.	Heure.
Ch.	Chemin.	Hab.	Habitant.
Ch.-l. d'arr.	Chef-lieu d'arrondissement.	Hôt.	Hôtel.
		Kil.	Kilomètre.
Ch.-l. de c.	Chef-lieu de canton.	M.	Mètre.
		Min.	Minute.
Ch.-l. de dép.	Chef-lieu de département.	R. r.	Route.
		V.	*Voyez.*
Dr.	Droite.		

Les chiffres suivis du signe '
indiquent un *nombre de minutes.*

Exemple : 12', soit douze minutes.

Les chiffres gras, entre parenthèses, indiquent les
distances séparant les localités d'un même itinéraire.

GUIDE DES PYRÉNÉES

Le cycliste qui se rend de Paris à Bayonne, soit par le chemin de fer soit par la route, ayant l'occasion de s'arrêter à Bordeaux et à Dax, nous ferons précéder notre guide des itinéraires de ces deux villes.

VILLE DE BORDEAUX

BORDEAUX, TROISIÈME VILLE DE LA FRANCE, CHEF-LIEU DU DÉPARTEMENT DE LA GIRONDE, COMPTE 256.900 HABITANTS.

Hôtels recommandés : — Hôtel des *Américains-et-Nicollet*, 4, rue de *Condé*; *Richelieu*, 4, cours de l'*Intendance*; hôtel meublé de *Normandie* (chambres depuis 2 fr. 50), 1, rue *Gobineau*.

Cafés : — de *Bordeaux*; de la *Comédie* (concert instrumental), tous deux place de la *Comédie*; *Grand Café Anglais* (concert instrumental), 37, allées de *Tourny*.

Brasseries : — *Bibent* (bières *Fischer et Leppert*), 1, allées de *Tourny*; *Gruber*, 17, allées de *Tourny*.

Restaurants : — du *Chapon-Fin*, 3, rue *Montesquieu*; de *Bayonne*, 4, rue *Martignac* (tous deux de 1er ordre); *Richelieu* (repas à la carte et à prix fixe : 3 fr. et 3 fr. 50), 4, cours de l'*Intendance*; du *Palais* (prix fixe : 2 fr. 50 et 3 fr.), 5, cours de l'*Intendance*; du *Louvre* (mêmes prix), 21, cours de l'*Intendance*.

Arrivée à Bordeaux. — Le cycliste venant de Paris par le chemin de fer s'arrête à la *gare de la Bastide*. Pour se rendre à la place de la *Comédie*, centre des affaires et des distractions, dans le voisinage des hôtels recommandés (distance : 1 kil. 700 m., trajet entièrement pavé, 25′), suivre l'itinéraire ci-dessous :

Sortant de la cour de la gare de la Bastide, tourner à g. sur le quai de *Queyries*, puis traverser à dr. la *Garonne* sur le célèbre *pont de Bordeaux*. De l'autre côté du pont, suivre successivement à dr. les quais de *Bourgogne*, de la *Douane* et de la *Houree*, ce dernier jusqu'à hauteur de la rue *Esprit-des-Lois*. Celle-ci, à g., mène à la place de la *Comédie*.

Visite de la ville de Bordeaux. — Un jour suffit pour visiter la ville de Bordeaux, sans comprendre le *bassin à flot* et le parc *Bordelais*. Ces deux dernières promenades, assez éloignées, nécessitent une journée supplémentaire.

Première journée. — *Itinéraire de la matinée* (environ 1 h. 1/2) : Départ de la place de la *Comédie*. Faisant face au Grand Théâtre, suivre à g. les allées de *Tourny*. Parvenu sur la place de *Tourny*, prendre à dr. le cours du *Jardin Public*. Plus bas, traverser à g. le Jardin Public et se diriger vers le bâtiment du Muséum (ouvert les Dimanches et Jeudis de midi à 4 h., en hiver, et 5 h. en été). Sortir du Jardin Public, à l'angle du Muséum, par la place *Bardineau* Sur cette place, la rue *Duplessis*, à g., conduit à la rue *Fondaudège* qu'on traversera pour prendre, vis-à-vis, la rue du *Palais Gallien*. Dans celle-ci, la rue du *Colisée*, à dr., mène aux ruines des Arènes. Passer sous les voûtes et suivre à g. la rue de la *Trésorerie* dans toute sa longueur. On atteindra ainsi la rue *Capdeville* qui, à g., conduit devant l'église Saint-Seurin (crypte curieuse) et à la place, plantée d'arbres, des allées *Damour*. A l'extrémité des allées Damour, suivre a g. la rue *Judaïque* débouchant sur la place *Gambetta*, vis-à-vis du cours de l'*Intendance*. Traverser à dr., de biais, le square, puis prendre à g. la rue *Porte-Dijeaux*, en passant sous la porte de ce nom. Tourner ensuite dans la seconde rue à g., la rue *Vital-Carles*, pour rejoindre le large cours de l'*Intendance* qu'on descendra à dr. jusqu'à la place de la *Comédie*.

Itinéraire de l'après-midi (environ 6 h.). Départ de la place de la Comédie. Faisant face au Grand Théâtre, suivre à dr. la rue Sainte-Catherine jusqu'au cours d'*Alsace-Lorraine*. Celui-ci mène à dr. à la place *Pey-Berland*, où sont situés la Cathédrale Saint-André, le clocher isolé Pey-Berland (entrée : 25 c.; très belle vue) et l'Hôtel de Ville. A g. de l'Hôtel de Ville, la rue de *Rohan* conduit au jardin de l'Hôtel de Ville, à dr., où se trouvent les deux galeries du Musée (ouvert tous les jours, sauf les Lundis et Vendredis de midi à 4 h., en hiver, et ... h. en été). Sortant du jardin par la grande grille, prendre à g. le cours d'*Albret* jusqu'à la place *Magenta*. Passant entre le Palais de Justice, à g., et l'hôpital Saint-André, à dr., on traversera la place en biaisant à dr. pour suivre ensuite la rue de *Cursol* jusqu'au cours *Victor-Hugo*. Continuer devant soi ce cours, en laissant à g. la porte de l'ancien Hôtel de Ville. Plus loin, abandonnant le cours Victor-Hugo, suivre à dr. la rue des *Faures*. Celle-ci mène à la place du *Marché-Neuf* où s'élèvent l'église et le clocher isolé de Saint-Michel (dans la crypte, située sous le clocher, on peut voir une exposition unique et macabre de cadavres momifiés; entrée : 50 c.). De l'église Saint-Michel se rendre, par la rue *Sainte-Croix*, à l'église de ce nom; puis, par la rue de *Tauzia*, gagner la gare du Midi. A g., la rue de la *Gare* conduit au quai de la *Paludate*. Suivre ce quai, à g. et, à la suite, les quais de *Sainte-Croix*, des *Salinières*, de *Bourgogne*, de la *Douane*, de la *Bourse* et *Louis XVIII* jusqu'à la place des *Quinconces*. Sur ce parcours on remarquera à dr., le pont de Bordeaux, et, à g., successivement la porte de Bourgogne, la porte gothique de Cailhau, la place de la Bourse, ornée de la fontaine des Trois Grâces, et la place Richelieu, décorée de la statue du Président Carnot. Un peu plus loin, parvenu à la vaste place des Quinconces, plantée d'arbres, on gravira trois marches à g. pour passer entre les deux colonnes rostrales. Traverser la place dans toute sa longueur et, arrivé au pied de la Colonne, ou du Monument des Girondins, tourner à g. sur le cours du *XXX Juillet* ramenant à la place de la *Comédie*.

Deuxième Journée (facultative). — *Itinéraire de la matinée* (environ 2 h.). De la place des Quinconces, suivre les quais *Louis XVIII*, des *Chartrons* et *Bacalan* jusqu'au pont des écluses du bassin à flot. Ici, tourner à g. et longer le bassin à flot en passant devant les docks. A l'extrémité des docks, tournant à g. on traversera une barrière; puis, tournant encore à g., presque aussitôt on prendra à dr. la longue rue *Balguerie Stuttemberg*. Celle-ci rejoint le cours *Portal*, dont le prolongement, le cours du *Jardin Public*, ramène au centre de Bordeaux.

Itinéraire de l'après-midi (environ 2 h.). De la place de la *Comédie* suivre les allées de *Tourny*. A la place de *Tourny*, prendre la rue *Fondaudège*, dont le prolongement, la rue *Croix-de-Seguey*, mène au boulevard de *Caudéran*. Dans celui-ci, à g., s'ouvre l'avenue *Carnot* conduisant à la grille monumentale du parc Bordelais.

Nota. — On peut facilement se rendre au bassin à flot, ainsi qu'au parc Bordelais, par les tramways qui passent sur la place de la Comédie. Ce moyen est le plus pratique.

Départ de Bordeaux. — Le cycliste se dirigeant vers Bayonne, par le chemin de fer, devra suivre l'itinéraire ci-dessous pour se rendre à la gare (distance : 2 kil. 700 m., trajet pavé, 25') :

De la place de la *Comédie*, descendre aux quais, à la place *Richelieu*, soit par la rue du *Chapeau-Rouge*, soit par la rue *Esprit-des-Lois*, et suivre à dr. toute la ligne des quais jusqu'à l'extrémité du quai de la *Paludate*. Ici, prendre à dr. la rue de la *Gare* qui mène devant la gare *du Midi* ou *Saint-Jean*.

Pour mémoire. — De **Bordeaux** à **Bayonne**, par la route, par **Mont-de-Marsan** et **Dax**, *V* page VIII.

De **Bordeaux** à **Pau**, par la route, *V.* page VIII.

VILLE DE DAX

DAX, CHEF-LIEU D'ARRONDISSEMENT DU DÉPARTEMENT DES LANDES, COMPTE 10.240 HABITANTS.

Nota. — Le cycliste se rendant par chemin de fer de Bordeaux à Bayonne, pourra s'arrêter entre deux trains à Dax pour visiter cette station thermale.

Hôtel recommandé : — Hôtel de la *Paix*, au centre de la ville.

Cafés : — de la *Renaissance* ; de *Bordeaux*.

Visite de la ville de Dax (environ 2 h.). — *Itinéraire* : A la sortie de la gare de Dax, suivre à dr. l'avenue bordée d'arbres et, à son extrémité, continuer à g. par le faubourg du *Sablar* qui conduit au pont sur l'*Adour*. De l'autre côté du pont, on atteint la petite place *Thiers*, à l'entrée de la ville de Dax (1 kil. 200 m. de la gare). A dr. de la place, s'élève l'établissement de Dax-Salins-Thermal (eaux efficaces contre les rhumatismes, la goutte, les douleurs), et à g. s'étend la promenade des Remparts.

Se dirigeant à g., vers le contre-bas de la place, on passera devant le bassin de la Fontaine-chaude pour prendre la rue des *Pénitents* qui mène dans la direction de la place de la *Cathédrale*. Puis, par la place et le square de l'*Hôtel de Ville*, le cours du *Théâtre* et la promenade des *Remparts*, on reviendra à l'établissement et au casino de Dax-Salins-Thermal.

Derrière ceux-ci, on passera devant les Thermes de Dax, et par la promenade des *Baignots*, on gagnera l'établissement et le parc des Baignots. De là, le boulevard *Carnot* conduit à l'église Saint-Vincent d'où par la rue *Gambetta*, la place *Saint-Vincent* et les rues *Saint-Vincent* et des *Carmes*, on reviendra à la place *Thiers*.

Pour mémoire. — De Dax à Bayonne, par la route, *V.* page VIII.

De Dax à Pau, par Pont-d'Oro (10), Clermont (8), Pomarez (8), Amagne (7), Orthez (11 — Hôt. de la *Belle-Hôtesse*) et Pau (40 — *V.* page 43).

PYRÉNÉES OCCIDENTALES

VILLE DE BAYONNE

BAYONNE, CHEF-LIEU D'ARRONDISSEMENT DU DÉPARTEMENT DES BASSES-PYRÉNÉES, COMPTE 27.193 HABITANTS.

Hôtels recommandés : — Hôtel du *Panier-Fleuri*, ruelle du *Port-Neuf*.

Cafés : — de *Bordeaux*, place de la *Liberté* ; *Farnié*, rue *Bernède*.

Arrivée à Bayonne. — Le cycliste arrivant par le chemin de fer, se rendra à l'hôtel du *Panier-Fleuri* (distance : 1 kil., trajet pavé, 12') en suivant l'itinéraire ci-dessous :

A la sortie de la gare de Bayonne, tourner à dr. pour traverser la place *Saint-Esprit* et le *pont Saint-Esprit*, ce dernier au-dessus de l'*Adour*. De l'autre côté du pont, on passera sous la porte latérale g. d'un ouvrage fortifié, nommé *le Réduit* ; puis on franchira devant soi le *pont Mayon* jeté sur la *Nive*. A l'extrémité de ce deuxième pont, tourner à dr. sur la place de la *Liberté*, ensuite suivre la première rue à g., la rue du *Port-Neuf*, bordée d'arcades. On coupe la rue *Lormand* et, arrivé à la ruelle du *Port-Neuf*, on tournera à g. A l'extrémité de la ruelle se trouve l'hôt. du *Panier-Fleuri* (table renommée).

Visite de la ville de Bayonne (environ 1 h. 1/4). — *Itinéraire*: Partir de la place de la *Liberté*, centre du mouvement de la ville, et suivre à g. la rue *Bernède* en passant entre le Théâtre, massive construction entourée d'arcades, à dr., et la terrasse du café *Farnié*, à g. Faire ensuite le tour de la place d'*Armes*, ornée d'un kiosque à musique. A dr. de cette place se trouvent la tête de ligne du tramway à vapeur de *Bayonne à Biarritz* (départ : toutes les 30'; trajet en 35'; prix : 35 et 50 c. aller, et 55 et 90 c. aller et retour) et les quais de l'Adour, formant port. Longeant le bâtiment des écuries militaires, adossé aux remparts, on arrive au passage pour piétons *Eugène Pereire*, à dr. Traversant les remparts par ce passage, on a devant soi : l'entrée, à dr., des *allées Marines* (direction de Biarritz, par La Barre) qui longent l'Adour; et, à g., l'entrée des *allées de Paulmy* (direction de Biarritz, par Anglet) où est située la gare du chemin de fer d'intérêt local *Bayonne-Anglet-Biarritz* (départ : toutes les 30', trajet en 15'; prix : 45 et 75 c., aller, et 60 c. et 1 fr. aller et retour).

Revenir sur ses pas à la place d'Armes et prendre à dr. la large rue *Thiers*, bordée d'arbres. Plus loin, on passe devant le Château-Vieux, à dr., et, continuant par la rue de l'*Evêché*, on atteint la cathédrale. Suivre à g. la rue *Notre Dame* qui contourne la cathédrale par la place *Notre-Dame*, à dr. Dans la rue d'*Espagne*, vis-à-vis, descendre la première rue à g., la rue de la *Poissonnerie*. Après les Halles, laissées à g., on traverse un pont sur la *Nive*; puis par la rue *Pannecau*, qui fait suite, on gagne l'église Saint-André, située au pied de la rampe du Château-Neuf. Contourner l'église à g. et rejoindre les *allées Boufflers*, en bordure de l'Adour; celles-ci ramènent à la place du *Réduit*. Traversant la Nive à g., on suivra, de l'autre côté du pont, la rue *Victor-Hugo* jusqu'au carrefour des *Cinq Cantons*. Ici, prendre à dr. la rue *Gambetta* qui rejoint la rue du *Pont-Neuf*, la première à dr., dont les arcades ramènent sur la place de la *Liberté*.

Excursions recommandées au départ de Bayonne. — Les deux principales excursions aux environs de Bayonne sont celles de l'embouchure de l'Adour et de **Biarritz**. On trouvera l'itinéraire à suivre pour ces excursions dans la description de la r. de Bayonne à Saint-Jean-de-Luz (*V.* page 23). Cependant le touriste qui préférerait visiter Biarritz à part, sans trop changer sa journée de route de Bayonne à Saint-Jean-de-Luz, pourra consacrer une après-midi à cette visite, pendant son séjour à Bayonne. Dans ce cas, nous conseillerons d'aller de Bayonne à Biarritz par le *tramway à vapeur*, et, après avoir passé la journée à Biarritz, de revenir à Bayonne par le *chemin de fer d'intérêt local* (*V.* ci-dessus les heures et les départs).

Pour la visite de la ville de Biarritz, *V.* page 25.

Pour mémoire. — De **Bayonne** à **Pau**, par Saint-
Etienne (**2**), Biaudos (**14**), Biarotte (**4**), Lanne (**6**), Peyrehorade (**7** — Hôt. *Lespourges*), Cauneille (**2**), Haou-Sutton (**6**),
Puyôo (**7** — Hôt. de la *Gare*), Ramons (**2**), Baigts (**5**), **Orthez**
(**7** — Ch.-l. d'arr. — 6.210 hab. — Hôt. de la *Belle-Hôtesse*),
Castetis (**5**), Argagnon (**2**), Mont (**4**), Lacq (**2**), Artix (**5**), Labas-
tide-Cézéracq (**2**), Denguin (**2**), Lescar (**7** — Hôt. *Uglas*) Lons
(**2**), Bilhère (**2**) et Pau (**2** — Hôt. *Central* — V. page 43).

Cet itinéraire, celui de la r. nationale, est accidenté entre Bayonne
et Orthez par de nombreuses côtes et descentes, peu longues mais
très accentuées. Trajet fatigant, auquel l'éloignement de la chaîne
des Pyrénées enlève tout intérêt. En vue de Port-de-Lanne, on
traverse l'Adour et on pénètre dans la vallée du gave de Pau.
Entre Peyrehorade et Puyôo, il sera plus avantageux de quitter
la r. d'Orthez et de prendre à dr. celle de Sorde qu'on abandonnera au hameau de Sahuc (3), pour suivre à g. le ch. par Ba-
lade (3), Bribe (3), Lahontan (3), Bellocq (3) et Puyôo (2). La r.
s'améliore à partir d'Orthez ; après une descente insensible, elle
s'élève ensuite presque continuellement en rampe douce et présente
quelques fortes côtes au delà d'Argagnon. La région devient plus
pittoresque en approchant de Pau.

De **Bayonne** à **Salies-de-Béarn**, par Peyrehorade (**27**
— V. ci-dessus), Sahuc (**2**), Sorde (**1**), Castaber (**6**), Car-
resse (**2**) et Salies-de-Béarn (**7** — Hôt. de *Paris* — Etablissement
thermal ; eaux employées dans le traitement du lymphatisme, de la
scrofule, des dyspepsies et gastralgies).

De **Bayonne** à **Cambo**, par Arraunts (**10**), Ustarits (**2** —
Hôt. *Daguerre*), Larressore (**4**) et Cambo (**2** — Hôt. de *France* —
V. page 31).

Cette r., la plus directe pour se rendre à Cambo, est très accidentée. Deux descentes rapides : la première à Arraunts, la seconde à Ustarits ; forte côte précédant Cambo. On quitte Bayonne
par les allées de Paulmy et on remonte la vallée de la Nive, tout en
restant éloigné de cette rivière, jusqu'à Ustarits ; traversée des bois
de Berriot.

DE BAYONNE A SAINT-JEAN-DE-LUZ

Par La Barre, Anglet, La Chambre-d'Amour, Biarritz, La Négresse, Bidart et Guétary.

Distance : 30 kil. *Côtes :* 1 h. 20 min. *Pavé :* 2 min.

Nota. — La route directe de Bayonne à Biarritz (6), par Anglet (4), commence aux *allées de Paulmy*, à g. dès *allées Marines* (*V.* ci-dessous), et longe la ligne du tramway à vapeur jusqu'à Anglet. Elle est fatigante et présente une série de côtes avec un terrain souvent détérioré. L'itinéraire par La Barre, plus long de cinq kil. huit cents m., qui permet de visiter l'embouchure de l'Adour, sera choisi de préférence.

De Biarritz à Saint-Jean-de-Luz, parcours accidenté, nombreuses côtes.

Notre itinéraire de Bayonne à Pau par Saint-Jean-de-Luz, Cambo, Saint-Jean-Pied-de-Port, Mauléon et Saint-Christau traverse le *pays basque*. Dans cette région, où les habitants sont très amateurs du jeu de paume, presque tous les villages possèdent un emplacement réservé à cet exercice.

Pour l'emploi de chaque journée, *V.*, à la *Division du Temps*, page X.

Quittant l'hôt. du *Panier-Fleuri*, tourner à dr. dans la rue du *Port-Neuf* (Pavé : 2') et, arrivé sur la place de la *Liberté*, suivre à g. la rue *Bernède*. Traverser la place d'*Armes* pour prendre, vis-à-vis, le passage *Eugène-Pereire*, ouvert dans les remparts et signalé par un poteau du chemin de fer *B. A. B.* (ici les cyclistes doivent mettre pied à terre, 1'). De l'autre côté de la passerelle jetée sur le fossé, on se trouve à l'entrée des allées de *Paulmy*, à g. (direction de la r. directe de Biarritz, par Anglet) et des allées *Marines*, à dr. (0.5).

Inclinant à dr., suivre les allées *Marines*, dont les beaux ombrages, en bordure de l'*Adour*, s'étendent à plus de deux kil. de la ville. La r. s'écarte ensuite un moment du fleuve pour traverser un petit bois de pins;

deux montées insignifiantes de deux et quatre cents m. A la sortie du bois, on remarque sur la rive dr. des forges importantes, tandis qu'on aperçoit devant soi le sémaphore ainsi que le phare signalant l'*embouchure de l'Adour*.

A hauteur du commencement de la jetée en pierre, soutenue par des arches, se détache à g. (4.9) le ch. de Biarritz, à l'entrée d'un bois de pins.

Continuant, dans la direction de la tour du phare, on atteindra, après un creux de terrain, La Barre, terme de la r. (0.6).

Ici, laisser sa machine au café-restaurant, à g., et se rendre à pied (20' aller et retour) à l'extrémité de l'estacade en bois. Magnifique vue sur l'Océan, la chaîne des Pyrénées, cette dernière dans le lointain, à g., et Biarritz, plus rapproché ; du même côté, on aperçoit le *champ de course* voisin.

A l'embouchure de l'Adour, à l'heure de la marée, se produit le phénomène de la *barre*, formé par la rencontre des courants opposés de la mer et du fleuve.

Revenir reprendre sa machine et regagner la bifurcation du ch. de Biarritz (0.6).

Le ch. de Biarritz traverse une jolie forêt de pins (remarquer la récolte de la résine, celle-ci coulant dans des godets placés aux bas d'entailles creusées dans l'écorce des arbres) et, par une rampe douce, atteint, à la sortie du bois, le village d'Anglet (curieuse église).

Parvenu sur la petite place d'Anglet (8.6), laissant à g. le ch. de Bayonne (8.8), prendre à dr. le ch. de Biarritz, par La Chambre-d'Amour. Belle descente coupée par un raidillon (1'). Au bas de la côte, au hameau de La Chambre-d'Amour, la r. décrit une courbe à g. et gravit une côte (8') pour gagner le sommet de la falaise de la *pointe Saint-Martin*.

Magnifique descente vers la plage de Biarritz entourée de luxueuses villas ; à dr., se détache (9.1) le ch. du phare de la pointe Saint-Martin, situé à deux cents m. de la r. (vue admirable de la terrasse du phare). Au bureau de l'octroi, continuer devant soi et, au bas de la pente, ayant dépassé le monumental *hôtel du Palais*, ancienne résidence de l'impératrice Eugénie, laissant à dr. un ch. qui conduit à la plage, on gravira la côte (5') menant à l'entrée de la ville de Biarritz (9.177 hab.). On arrive ainsi sur la place de la *Liberté* (1.2), près de laquelle s'arrête le *tramway à vapeur* et où s'élève la gare du *chemin de fer d'intérêt local* de Bayonne à Biarritz.

Ici, se diriger à dr. vers l'hôt. de l'*Europe*, où on laissera en garde sa machine et où on déjeunera, soit avant, soit après avoir visité la ville (Cafés du *Terminus*; *Anglais*).

Visite de la ville de Biarritz (environ 1 h.1/2). — Place de la Liberté. — Place de la Mairie. — Place Bellevue (vue d'ensemble de la plage). — Descente de la rampe du Casino (à g.). — Route de la côte (à g.). — Le bassin du Port-aux-Pêcheurs. — Le tunnel de la butte de l'Atalaye. — Le rocher percé de Cucurlon belle vue sur l'Océan et, à g., sur la chaîne des Pyrénées). — L'anse du Port-Vieux (petit établissement de bains). — Le pont du Diable et la villa Belza (vue de la plage dite la côte des Basques). — Retour à l'anse du Port-Vieux. — Rue du Port-Vieux (à dr.). — Place Sainte-Eugénie. — Rue Mazagran. — Place de la Mairie. — Place de la Liberté. *

Sur la place de la *Liberté*, prendre à dr., à l'angle des *Galeries de Biarritz*, l'avenue de la *Négresse*, bordée de jolies villas; longue montée de quinze cents m. (15'). Dans le *haut Biarritz*, on dépasse à g. le parc et le *château Gramont*, la rue *Saint-Martin*, le cimetière, puis l'avenue de *Gramont*; continuer la r. indiquée par la ligne télégraphique.

Sur le plateau, on passe près d'un réservoir d'eau; à l'horizon se déploie la chaîne des Pyrénées. Descente; à dr., se détache (2.2) un ch. conduisant sur le bord du *lac de Mouriscot*, situé à quatre cents m. de la r. Inutile de s'y rendre, car on aura une vue suffisante de cette jolie nappe d'eau en gravissant la r. de Saint-Jean-de-Luz.

(*) — Bien que nous ne donnions pas un itinéraire détaillé dans les villes, nous indiquons cependant les curiosités dans l'ordre où elles doivent être visitées; ainsi il sera toujours facile de se rendre d'un monument à un autre en se renseignant sur la direction auprès des habitants.

Deux cents m. plus bas, près de la *station de la Négresse*, on rejoint (**0.2**) la r. de Bayonne (6.750) à Saint-Jean-de-Luz; tourner à dr. Après le passage à niveau de la ligne, laissant à g. le ch. de Saint-Pée (14.4), commence une côte de douze cents m. (15') ; belle vue sur le lac de Mouriscot (long de 500 m. et large de 300 m.) dans un fond verdoyant.

Au sommet de la falaise, la r. ondule, puis atteint par une petite côte (2') Bidart (**2.6**), premier village basque, dont les coquettes maisons blanches rappellent un peu la construction des chalets suisses. Après une belle descente pour franchir le ruisseau de l'*Ouhabia*, dans le voisinage de la mer, une nouvelle côte de treize cents m. (18') conduit à Guéthary (**2.4**).

La r. ne cesse de fortement onduler au milieu d'une gracieuse campagne; descente, coupée par un côte de cinq cents m. (6'), entre des peupliers. Un raidillon (1') et trois courtes côtes (3' 4' et 2') précèdent encore la descente de Saint-Jean-de-Luz (**5.5** — Ch.-l. de c. — 3.856 hab.).

Entrant dans cette ville, charmante station de bains de mer, par la rue *Gambetta* (Pavé : 1'), cent m. environ après avoir dépassé l'hôt. de la *Poste* et la place de la *République*, à dr., parvenu à une petite place ornée d'une croix en fer et d'une fontaine, on suivra à g. la rue d'*Ascain*, légèrement montante. Celle-ci mène à la bifurcation (**0.5**) du ch. de Saint-Pée, à g. Ici, se diriger à dr., par le boulevard des *Pyrénées*, vers la station du ch. de fer, située vis-à-vis l'hôt. de *Paris* où on s'arrêtera (**0.2** — Cafés *Suisse*; *Alonso*).

Visite de la ville de Saint-Jean-de-Luz (environ 1 h.). — Avenue de la Gare (à dr.). — Place des Allées. — La maison Louis XIV. — Place Louis XIV. — La maison de l'Infante. — Le bassin du port. — Rue de la République. — Plage de Saint-Jean-de-Luz (à dr.). — Le Chalet-Casino. — L'établissement des bains. — Le grand Casino. — Avenue Thiers (à dr.). — Rue Gambetta (à dr.). — L'église Saint-Jean (disposition curieuse des galeries intérieures). — Place Louis XIV.

DE SAINT-JEAN-DE-LUZ A CAMBO

Par Urrugne, Béhobie, Hendaye, Saint-Jean-de-Luz, Ibarron, Saint-Pée-sur-Nivelle, Souraid et Espelette.

Distance : 47 kil. 700 m. *Côtes :* 2 h. 24 min.
Pavé : 1 min.

Nota. — Avoir soin de quitter Saint-Jean-de-Luz de bon matin afin de pouvoir visiter, avant le déjeuner, la plage d'Hendaye et la ville de Fontarabie. Revenir d'Hendaye à Saint-Jean-de-Luz par le train qui quitte Hendaye à 1 h. 30 du soir et met quinze minutes pour ramener à Saint-Jean-de-Luz, où on reprendra la route menant à Cambo.

Entre Urrugne et Béhobie, longue côte de trois kil. dont dix-huit cents m. à faire à pied.

De Saint-Jean-de-Luz à Saint-Pée-sur-Nivelle, très bon.

De Saint-Pée-sur-Nivelle à Cambo, accidenté ; plusieurs côtes.

A la sortie de l'hôt. de *Paris*, suivre à dr. l'avenue de la *Gare* jusqu'à la place des *Allées*. Ici, tourner à g. et traverser les deux ponts sur la *Nivelle*, séparés par le bâtiment de la douane. De l'autre côté du second pont (Pavé 1'), à l'entrée de la bourgade de Ciboure, on laisse à dr. (O.O) le ch. de la *pointe de Socoa* (2.5), une des jolies promenades de Saint-Jean-de-Luz.

La r., encaissée entre le remblai de la ligne du ch. de fer et le coteau sur lequel s'étagent les maisonnettes de Ciboure, présente une petite côte (3') et franchit un passage à niveau ; elle descend ensuite dans le vallon d'Urrugne. Après un ruisseau, on passe devant le vieux château d'*Urtubie*, tapissé de beaux lierres et précédé d'un magnifique marronnier ; petite côte (2').

Plus loin, se détache à g. (**3.3**) le ch. d'Ascain (9.5), par Olhette (5.5), peu recommandable. Nouvelle côte, fort dure, de trois cents m. (4'), pour atteindre Urrugne (**0.6**) dont l'horloge de l'église porte cette inscription : *Vulnerant omnes, ultima necat* (toutes blessent, la dernière tue).

Belle descente ; puis il faut attaquer une longue rampe de trois kil. trois cents m. (dont dix-huit cents m devront être faits à pied, 25') précédant une sorte de col. Beau panorama du versant français des Pyrénées ; devant soi se dresse la cime caractéristique de la montagne des *Trois Couronnes* ou de la *Haya* ; à dr. apparaît la mer.

Au sommet de la côte, au lieu dit la *Croix des Bouquets*, on négligera à dr. (**3.7**) un ch. de raccourci d'Hendaye (4.4), pour continuer par la r. Celle-ci descend rapidement, pendant trois kil., vers Béhobie.

Dans cette localité, dernier village français (**2.6**), se détache à dr. le ch. qu'on devra suivre pour se rendre à Hendaye. Auparavant, le cycliste fera encore cent m. sur la r. pour atteindre le pont au-dessus de la *Bidassoa*, rivière qui sépare la France de l'Espagne (**0.1**).

Nota. — Du pont, remarquer à dr. une île recouverte d'un bouquet d'arbres et entourée de marécages. C'est la célèbre **île des Faisans** où eut lieu en 1659 la conférence relative au traité des Pyrénées et au mariage de **Louis XIV** avec l'infante Marie-Thérèse.

Pour mémoire. — de **Béhobie** à **Saint-Sébastien**, par **Irun** (**2** — Hôt. *Telechea*), Renteria (**12**), Passages (**2**) et Saint-Sébastien (**5** — Hôt. *Escurra*).

De Béhobia à Saint-Sébastien, trois fortes côtes, dont une de trois kil. entre Irun et Renteria.

Douane espagnole. — Si on doit pénétrer en Espagne, on devra faire plomber sa machine à la *douane française* à Béhobie, afin de pouvoir rentrer en France sans avoir des frais de douane à payer. De l'autre côté du pont sur la Bidassoa, à Behobia, se trouve le bureau de la *douane espagnole*. Ici, on demandera un passavant (*pase-temporal*, valable pour six mois) moyennant payement d'une *peseta* (1 franc) et on aura encore à déposer les droits de sa machine (70 pesetas les 100 kilos). Ce dépôt est restitué à la sortie.

Revenir sur ses pas dans Béhobie et prendre à g. (**O.1**) le ch. d'Hendaye. Celui-ci longe la vallée découverte et brusquement élargie de la Bidassoa. Après deux raidillons (1' et 2'), parvenu à la bifurcation du hameau d'Aldapa (**O.8**), ne pas se laisser entrainer sur le ch. de g., qui semble le meilleur, mais gravir le ch. rocailleux à dr., bordé du télégraphe (Côte : 5').

Contournant la colline, bientôt on descend vers Hendaye, dont on traverse le pont du ch. de fer; de l'autre côté du pont, tourner à g. Aussitôt on arrive sur la place du marché, ou de l'église; à g. est situé l'excellent Grand Hôtel *Imatz-et-du-Commerce* (**1.8**). S'arrêter à cet hôtel, soit pour y déjeuner, soit pour y faire étape suivant l'heure.

(Si, selon notre conseil, on est arrivé dans la matinée à Hendaye, déposer son bagage à l'hôtel et se rendre de suite en machine à la plage de Hendaye.)

Dans la rue descendante à dr. de l'hôt. *Imatz* (qui mène également au *Port-Vieux* où l'on trouve des canots à louer pour Fontarabie), prendre la seconde rue à dr. Celle-ci, continuée par la r., en bordure de la Bidassoa, conduit directement au Casino mauresque et à la superbe plage d'Hendaye (**2.1**), au fond d'une baie, limitée à dr. par la *pointe Sainte-Anne* et, à g., par les derniers escarpements de la chaîne de *Jaizquibel*.

De la plage revenir à l'hôt. *Imatz*, dans Hendaye (**2.1**), pour y laisser en garde sa machine; puis se rendre aussitôt à pied au *Port-Vieux* où on louera un canot pour aller visiter la curieuse ville espagnole de Fontarabie, située sur l'autre rive de la Bidassoa (prix : 1 fr. aller et retour, par personne. La traversée de la rivière et la visite de Fontarabie demandent environ deux heures).

Ayant abordé sur la plage vaseuse de **Fontarabie**, on se dirigera à g. vers une promenade plantée d'arbres; bientôt on apercevra à dr. la vieille porte fortifiée de la ville. La rue montante et étroite qui lui succède, la calle (rue) *Mayor*, bordée d'anciennes maisons écussonnées et à balcons, conduit à l'église ainsi qu'au château (magnifique vue de la plateforme du donjon; entrée : 25 c.).

Revenir déjeuner à Hendaye et, *pour ne pas refaire une seconde fois la r. d'Hendaye à Saint-Jean-de-Luz*, prendre le train qui part d'Hendaye vers 1 h. 30 et ramène à Saint-Jean-de-Luz en quinze minutes.

Pour se rendre de l'hôt. *Imatz* à la gare d'Hendaye (1), on retraversera le pont du ch. de fer et on descendra, immédiatement à dr., la r. qui longe la voie ferrée.

A la sortie de la gare de Saint-Jean-de-Luz, passer à dr., devant l'hôt. de *Paris*, et suivre le boulevard des *Pyrénées*, le long de la ligne, menant à la bifurcation (0.3) du ch. de Saint-Pée, à dr.

La r. traverse un passage à niveau; puis, après une petite descente, remonte la rive dr. de la vallée de la *Nivelle*. Au hameau de Recillegrenia, on passe entre un étang et les bords marécageux de la rivière. A dr., la montagne de la *Rhune*, un des premiers sommets un peu important des Pyrénées (Alt. : 900 m.), domine le paysage; petite montée.

A la bifurcation (5.6) du ch. d'Ascain (1), qui traverse la rivière, à dr., continuer à g. dans la direction de Saint-Pée. Deux montées insignifiantes et une côte de cent m. (1') précèdent le hameau de Monsegur (7.1) et le village d'Iharron (8.6).

A Saint-Pée-sur-Nivelle (1.6 — Hôt. de la *Nivelle*), tourner à dr. Ayant franchi deux ponts sur un ruisseau.) affluent de la Nivelle, on arrive à une bifurcation (0.6),

Ici, abandonnant à dr. le ch. de Sarre (7.3), et la vallée de la Nivelle, prendre à g. le ch. d'Espelette. Celui-ci s'engage dans un vallon pittoresque, monte (2'), puis descend à travers un bois de jeunes chênes. La rampe, d'abord assez douce, reprend au hameau d'Amespetou et s'accentue entre les *bornes 17.6 à 18.9* (Côte : 18'). Belle descente de deux kil., au milieu d'une région agréablement vallonnée, vers Souraïd (8); à l'horizon, s'élève le mont *Darrain*. Plus loin, on atteint (1.1), après deux courtes montées, la r. d'Ainhoue (4.7) à Bayonne (22) ; tourner à g.

La r., bordée de platanes, gravit (1' et 3') la colline sur laquelle est situé Espelette (0.9 — Ch.-l. de c. — 1.525 hab. — Hôt. *Halsouet*), gros village dans une des parties les plus accidentées et les plus riantes du pays basque. Arrivé à l'angle du bureau de poste, prendre à dr. la r. d'Ustarits. Celle-ci descend rapidement dans le vallon d'Espelette; ensuite s'élève par une côte de quinze cents m. (19'), qui coupe l'ancienne route.

Parvenu à hauteur de la *borne 3.9* (**3.3**), abandonner la r. de Bayonne (18.5), par Ustarits (5.5), et suivre à dr. le ch. de Cambo. Belle descente, assez rapide, vers le vallon boisé de l'*Araya*, suivie d'une côte (8'). On descend encore doucement et bientôt on atteint, près d'un débit, à g., l'entrée (**3.8**) d'une superbe avenue de platanes.

A cet endroit, prendre à g. le ch. qui, entre deux bas murs clôturant des prairies, conduit, après avoir coupé la r. de Saint-Jean-Pied-de-Port, au bourg de Cambo (1.811 hab.). On passe devant l'église et presqu'aussitôt on aperçoit l'hôt. de *France* (**0.6**), à dr. de la r., au commencement d'une terrasse d'où on jouit d'une vue merveilleuse sur la vallée de la *Nive*.

Nota. — Si on dispose de quelque temps, on pourra aller visiter le petit établissement thermal de **Cambo-les-Bains**, situé sur le bord de la Nive, à quinze cents m. de l'hôt. de France (environ 1 h. aller et retour). On traverse le village de Cambo par la r., à dr. de l'hôt., qui domine la vallée. Après une petite descente rapide et une courte montée (1'), on rejoint (0.4) la r. de Bayonne à Saint-Jean-Pied-de-Port. Laissant celle-ci à dr., on suivra à g. une belle avenue de chênes, bordée de villas. Cette avenue descend au-dessous de la terrasse de l'hôt. d'*Angleterre* et conduit directement à l'entrée de l'*établissement thermal* (1.1 — eaux prescrites dans certaines maladies de la peau, le lymphatisme, l'anémie et la chlorose) dont le parc, à dr., borde la Nive.

Vis-à-vis l'entrée de l'établissement thermal se trouve l'hôtel *Colbert*, où on pourrait dîner et coucher.

La r. du pont suspendu (péage 5 c.), à g., conduit au Bas-Cambo (2.7) et dans la direction d'Hasparren (9.5 — Ch.-l. de c. — 5.758 hab. — Hôt. de la *Poste*, au cœur du pays basque.

2

DE CAMBO A SAINT-JEAN-PIED-DE-PORT

Par Itsatsou, Louhossoa, Bidarray et Eyharce.

Distance : **39** kil. **300** m. *Côtes :* **1** h. **9** min.
Pavé : **9** min.

Nota. — Route assez accidentée entre Cambo et Louhossoa. On remonte ensuite insensiblement la vallée de la Nive jusqu'à Saint-Jean-Pied-de-Port ; côtes peu importantes.

A la sortie de l'hôt. de *France*, descendre à dr. la rue de Cambo, dont la terrasse ombragée présente une vue magnifique sur la vallée de la *Nive*; puis, à l'édicule du *Poids public*, monter à dr. (1') pour rejoindre (**0.4**) la r. de Saint-Jean-Pied-de-Port. Celle-ci, laissant à g. l'avenue de chênes qui conduit à l'établissement thermal de Cambo (1.1 — V. page 31), traverse un plateau cultivé, entouré de collines, sur lequel s'élèvent quelques villas, et gravit une première côte très dure de quatre cents m. (4'). On descend ensuite rapidement et, après deux raidillons (2' et 1'), on arrive à hauteur de la *borne 23.1* (**3.6**) où se détache à dr., à l'angle d'une prairie clôturée par des bas murs, le ch. qui mène au village d'Itsatsou et au *pas de Roland*.

Si on désire visiter le **pas de Roland**, on devra prendre ce ch. à dr. En partie caillouteux, il monte un moment (2'), puis descend pour passer au-dessous de l'église d'Itsatsou, au milieu de belles châtaigneraies. Un peu plus loin, laissant à g. la buvette du *pas de Roland*, bientôt on pénètre dans un sombre défilé où la Nive se fraye un étroit passage. Le ch., en corniche, s'engage dans une brèche de rocher (Raidillon : 1'); puis, après deux contours, atteint le pas de Roland (**2.5**). sorte d'ouverture, taillée en arceau dans le roc, en contre-bas du ch., qui donnait passage à une ancienne voie attribuée au neveu du roi Charlemagne.

Du pas de Roland, revenir à la r. de Saint-Jean-Pied-de-Port (**2.5** — Côte : 7').

Après un nouveau raidillon (1'), devant le bureau de poste d'Itsatsou, la descente continue jusqu'au pont suspendu sur la Nive (**0.8**), précédant le passage à niveau de la *ligne de Saint-Jean-Pied-de-Port*.

La r., contournant le mont *Arrocaragay*, à dr., remonte un vallon boisé pendant deux kil. (Côtes : 4' 8' et 15'), ensuite descend vers Louhossoa (**3.6** — jolie vue des Pyrénées).

Dans ce village, au delà de l'église, veiller à ne pas se laisser entraîner, devant soi, dans la direction de Helette (9), mais avoir soin de prendre à dr. la r. de Bidarray, descendant un joli vallon. Après un pont, deux petites côtes (1' et 3'); puis la r., inclinant à g., débouche dans la vallée de la Nive, qu'on retrouve au-dessus du pas de Roland (*V.* plus haut). Bientôt on gagne le niveau de la voie ferrée et le terrain demeure à peu près plat.

Dépassé la station de Bidarray (**6**), près de laquelle est exploitée une carrière de granit rouge, on atteint le village de Bidarray (**0.7** — Hôt. *Etcheverry*), environné de belles montagnes.

Ici, ne pas traverser le pont à dr., mais continuer à longer, à g., la ligne du ch. de fer.

La vallée se resserre en une étroite gorge; on passe au-dessus de l'entrée d'un tunnel (Côte : 3') et, quelques m. plus loin, de l'autre côté du rocher, on franchit un passage à niveau. A la sortie de la gorge s'ouvre le beau et large bassin d'Ossès. La r. s'éloigne de la ligne; puis, décrivant un vaste cercle à g., s'élève (Côte : 9') pour descendre ensuite au hameau de Gahardou (**6.4**), où se détache à g. le ch. d'Ossès (1.2).

Continuant devant soi, on franchira un ruisseau et, plus loin, la Nive, au hameau d'Eyharce (**1.3**). De l'autre côté du passage à niveau, la r., à g., monte (2'); puis, descendant rapidement, mène devant un second passage à niveau (**0.3**). Ne pas le traverser, car on irait dans la direction de Saint-Etienne-de-Baigorry (**8.5**), mais continuer à g. en traversant un nouveau pont sur la Nive. Après une courte montée, la rampe reprend insensible dans la vallée qui se rétrécit encore sous l'aspect d'un défilé. Une petite côte (5') précède l'entrée du large bassin où viennent se confondre les eaux de plusieurs nives; à g., sur la rive opposée, un vieux donjon dresse ses ruines lézardées.

Ayant traversé la nive d'*Arnéguy*, on passe au pied de l'ancienne église d'Urgance (**10.4**) et bientôt on atteint les murs de Saint-Jean-Pied-de-Port (**0.5** — Ch.-l. de c. — 1.546 hab.) vieux bourg, autrefois capitale de la Basse-Navarre, aujourd'hui petite place de guerre, au flanc d'une colline que couronne une ancienne citadelle.

Parvenu à la rue pavée transversale, vis-à-vis le café *Eloy*, tourner à g. (Pavé : 2'). On franchit la nive de *Beherobie* et, passant sous la voûte du beffroi, on tourne encore à g. pour sortir de la partie fortifiée du bourg par une seconde porte ogivale. Devant soi, sur la place du *Marché*, se trouve l'hôt. recommandé *Apestéguy*, où on doit s'arrêter (**0.4**).

Visite de la ville de Saint-Jean-Pied-de-Port (environ 1/2 heure). — Place du Marché. — La passerelle sur la Nive. — La promenade des Remparts. — Rue d'Espagne. — L'église paroissiale.

Excursion recommandée au départ de Saint-Jean-Pied-de-Port. — Les touristes qui viennent à Saint-Jean-Pied-de-Port ont particulièrement pour but la magnifique excursion au **monastère de Roncevaux** (**66** kil., aller et retour, jusqu'à Burguete). La r. étant bien entretenue on peut se rendre en machine à Roncevaux ; toutefois, la longueur des côtes, les formalités de douane à remplir aux deux frontières, française et espagnole, rendant cette excursion assez pénible, il sera plus avantageux de la faire en voiture particulière (prix : 45 à 50 fr. Durée du trajet : 5 h. à l'aller et 3 h. au retour. Entre les deux courses les chevaux doivent se reposer 3 heures).

Itinéraire : On traverse Saint-Jean-Pied-de-Port par la rue *d'Espagne*. La r., qui commence à monter dès la sortie de la ville (environ cinq kil. de côtes jusqu'à Arneguy), suit la rive droite de la Nive et traverse des gorges pittoresques. A Arneguy (**8** — douane française) on passe sur la rive g. de la rivière qui devient espagnole. Depuis Arneguy la r. ne cesse de monter jusqu'au col d'Ibañeta. On passe au hameau de Barcelona (**5** — douane espagnole, ouverte à 8 h. du mat.), puis à Valcarlos, ou Luzaïde (**7**). La r. s'écarte de la Nive et s'élève sur la lisière de la forêt de Valcarlos ; beaux paysages. Enfin par de grands lacets, à travers des bois de hêtres, on atteint le col d'Ibañeta (**8.5** — Alt. : 1.057 m.) où s'élève une chapelle ; très belle vue. On descend ensuite pendant quinze cents m. pour gagner le village et le monastère de Roncevaux (**1.5**). Ce lieu est célèbre par la mort du paladin *Roland* qui périt à cet endroit en 778, se trouvant à la tête de l'arrière-garde de l'armée française. Une petite chapelle, dite du Saint-Esprit, voisine du monastère, fut élevée, croit-on, sur l'emplacement où succombèrent les preux de *Charlemagne*.

De Roncevaux on peut aller visiter Burguete (**3** — Hôt. de la *Poste*), ville espagnole, dans la plaine.

DE SAINT-JEAN-PIED-DE-PORT A MAULÉON

PAR SAINT-JEAN-LE-VIEUX, LACARRE, MONGELOS, LAR-
CEVEAU, SAINT-JUST, MUSCULDY, ORDIARP ET GA-
RINDEIN.

Distance : **40** kil. *Côtes :* **2** h. **57** min.

Nota. — Route bien entretenue mais très accidentée; nombreuses côtes et descentes. Longue rampe de six kil. après Saint-
Just. Sur ce parcours on ne trouve aucune auberge où l'on puisse
convenablement déjeuner.

Quittant l'hôt. *Apestéguy,* monter à g. la place du
Marché (2'), au pied des murailles de la ville. Bientôt
la r. infléchit brusquement à g. pour traverser la
rivière de *Laurhibar,* au hameau de Pont-Saint-Lau-
rent (**0.7**); première côte de quatre cents m. (4'). A g.,
se détache (**0.8**) le ch. de Jaxu (5.5).

La r., large et roulante, remonte (1' et 3') la vallée
du Laurhibar et passe à Saint-Jean-le-Vieux (**2.5**), où
s'éloigne à dr. le ch. de Lécumberry (5.5); montée (2')..

Descente courbe, entre des marronniers, au pont
d'un ruisseau précédant une côte dure de trois cents m.
(4'). Vous côtoyez à présent la vallée d'Iriberry, et
par une forte montée de neuf cents m. (7'), vous
atteignez le village de Lacarre (**4.1** — Beau château).

Du sommet de la côte, laissant à g. le ch. d'Irrissary
(10.5) et d'Hasparren (28.6), on descend une pente
rapide pour remonter ensuite (4' et 6') à Montgelos (**7.4**).
Plus loin, autre descente, suivie d'une côte (2'), au
milieu de belles châtaigneraies.

La r. s'élève encore durement pendant huit cents m.
(10') pour atteindre un petit col. Elle descend ensuite,
trois kil., dans un vallon dont le ruisseau est affluent

de la *Bidouze*. Ce parcours est entrecoupé de trois montées (1', 4' et 1') précédant Larceveau (**6**).

Aux premières maisons du village, quitter la direction de Saint-Palais (17) et prendre à dr. la r. de Mauléon. On traverse la vallée dans sa largeur pour suivre ensuite la direction de la Bidouze et monter (5') à Cibits (**1**). Nouvelles ondulations (Côtes : 2', 2' et 2'), dans un entourage de châtaigniers; à dr. se détache (**2.1**) le ch. d'Ibarrolle (1.9). Après le pont d'un ruisseau et deux courtes côtes (3' et 5'), on passe (**2**) sur la rive dr. de la Bidouze.

Deux autres montées (2' et 1') précèdent Saint-Just (**0.6**), à l'entrée d'un ravin et au pied d'une côte d'un kil. (15').

Dépassé le ruisseau d'*Artchuby* commence la plus forte rampe du trajet, longue de cinq kil. (1 h. 20') ; la r. s'éloigne de la vallée de la Bidouze et gravit le vallon d'Acatéguy. A l'arête du col (**4.3**), vue étendue à g. sur la vallée de Pagolle et tout le département des Basses-Pyrénées. La descente ne s'effectue pas dans cette direction, mais on monte encore pour contourner la montagne et descendre ensuite, pendant plus de cinq kil., dans la vallée de l'*Abaraguia*.

De ce côté, magnifique vue sur les cimes neigeuses des Pyrénées, dominées par le pic d'*Orhy*.

L'agréable descente se termine cinq cents m. au delà du village de Musculdy (**6.8**), où on trouve une côte de cinq cents m. (6') et une petite montée (1'). La r. longe le vallon d'Ordiarp (**2.1**), et, après une légère rampe (2'), vient rejoindre, en pente adoucie, la vallée du *Saison*, à l'embranchement (**2.5**) du ch. d'Idaux-Mendy (2.5), à dr. Beau panorama des Pyrénées.

On passe encore au village de Garindein (**1.4**) et, parvenu aux premières maisons de Mauléon (Ch.-l. d'arr. — 2.575 hab.), sans entrer en ville, on s'arrêtera à dr. à l'hôtel *Habiague* (**1.7**).

Visite de la ville de Mauléon (environ 1 h.). — La promenade des Allées. — L'Hôtel d'Andurrain. — L'église paroissiale. — L'ancienne citadelle (belle vue du chemin de ronde; pourboire, 25 c.).

DE MAULÉON A SAINT-CHRISTAU

Par Tardets, Montory, Lanne, Arette, Issor et Asasp.

Distance : **42** kil. **600** m. *Côtes :* **1** h. **42** min.

Nota. — La route la plus courte pour se rendre de Mauléon à Oloron (*V.* page 41) passe par Chéraute (2), l'Hôpital-Saint-Blaise (10), Geus (7.5), Saint-Goin (0.5), Géronce (1), Orin (2), Sainte-Marie (7) et Oloron (1.5). Celle de notre itinéraire, bien qu'accidentée, traverse une ravissante région et permet de visiter le joli établissement thermal de Saint-Christau. Nous engageons vivement les touristes à la choisir de préférence.

Au sortir de l'hôt. *Habiague,* suivre dans Mauléon la rue à dr. et, à l'angle du café du *Commerce,* tourner à dr. pour traverser le gave près d'un moulin. Au bout du pont, laissant à g. la direction de Saint-Palais (23.5), tourner encore à dr. et prendre la direction d'Oloron, par Tardets.

La r. remonte la rive dr. du *Saison* dont la jolie vallée est parsemée de nombreux villages ; rampe légère. On contourne constamment, à g., un massif de montagnes compris entre le gave du Saison ou de *Mauléon* et le Vert de *Barlanes* ou gave d'*Oloron.*

Successivement on rencontre les villages de Libarrenx (**2.8**) et de Gotein (**1**). Deux courtes montées (3' et 3'), puis une descente, ramènent au bord de la rivière ; ensuite une côte (4') permet de dominer la vallée.

Dépassant Menditte (**2.2**), Saint-Etienne (**0.8** — montée : 2'), Sauguis (**0.7**), Troisville (**2.4**), on atteint, par un raidillon (1'), Sorholus (**2**), faubourg de Tardets (**0.7** — Ch.-l. d. c. — 1 024 hab. — Hôt. *Uhart*).

Une côte (3'), dans l'unique rue de ce village, mène presque aussitôt à la bifurcation (**1**) du ch. de Licq (5.2) et de Larrau (15.3), à dr. ; continuer par le ch. de g.

On s'écarte de la vallée du Saison pour remonter (Côtes : 2', 2', 3' et 1') le vallon du *Gaston*, affluent du Saison, et passer à Montory (**3.6**). Le ruisseau franchi, se présente une côte très dure de trois cents m. (5'), bientôt suivie d'une autre côte de douze cents m. (16') conduisant au point culminant de ce passage, appelé *col de Lapixe* (**2**), au milieu de riants vallons creusés entre des montagnes aux contours pittoresques.

Agréable descente de deux kil. dans le vallon du Vert de *Barlanes*, ruisseau que vous franchissez près d'un moulin. Une courte rampe de deux cents m. (2') précède le village de Lanne (**3.5**), dominé par le pic d'*Anie*.

Descente rapide au pont du Vert d'*Arette* suivie d'une côte de quatre cents m. (5'). Après une légère descente, on arrive, en vue d'un château isolé, à la bifurcation (**2.1**) du ch. d'Arette, à dr.

Nota. — Ici, le cycliste qui voudra faire étape, suivant notre conseil, à l'établissement thermal de Saint-Christau, devra abandonner la r. directe d'Oloron (15.4), par Aramits (1.4), et prendre à dr. le ch. d'Arette.

Une descente, au sol moins bien entretenu, conduit au pont du torrent du *Vert*, puis au village d'Arette, où on passe du pays basque dans le Béarn. Parvenu sur la place de l'église (**2.8**), suivre le ch. à g., qui longe le mur de l'église (à pied : 3') ; presque aussitôt on atteint une r. transversale venant d'Aramits (3.3). Coupant cette r., continuer vis-à-vis, dans le village, dans la direction d'Issor. On passe devant la Mairie et, à l'angle de ce bâtiment, on tourne à g. pour traverser un torrent.

De l'autre côté du pont, commence une côte de dix-huit cents m. (30'), resserrée dans un ravin qu'ombragent de magnifiques châtaigniers. Plus haut, on s'élève à flanc de montagne, tandis qu'à dr. la vue se repose sur les frais pâturages de la vallée.

Au hameau des Costes (**1.8**), débute la descente vers le bassin du gave d'*Aspe*. Elle décrit d'abord plusieurs lacets rapides ; puis, en pente plus douce (deux montées : 1' et 2), conduit au village d'Issor (**4.2**).

Courte descente, mais rapide et parsemée de têtes de chat, pour franchir un ruisseau, affluent du gave de *Lourdios*. Le ch. se rapproche de ce dernier cours d'eau, qui descend de la magnifique gorge qu'on aperçoit à dr., entre les montagnes. On le longe jusqu'à la vallée d'Aspe en parcourant un défilé verdoyant entre les pics boisés du mont *Bisarce*, à dr., et du mont de *Sega*, à g. ; trois raidillons (1', 1' et 2').

Quand on aura rejoint (**2.6**), dans la vallée d'Aspe, la r. d'Oloron à Urdos, on tournera à g. pour gagner Asasp.

Nota. — La r. de la **vallée d'Aspe**, vers Urdos, une des plus intéressantes des Pyrénées, mérite d'être visitée. Mais comme elle n'a pas de débouchés cyclables perpendiculaires à sa rivière, le touriste qui veut remonter cette vallée est obligé, après s'être rendu à Urdos, le dernier village français, de revenir sur ses pas vers Asasp.

D'Asasp à Urdos, la r. passe par Escot (7), Sarrance (3), le pont Sazon (2), Bedous (4 — Hôt. de la *Poste*), les bains de de Suberlaché (1.5), Accous (2.5), le pont de Lescun (3), Cette-Eygun (1), Etsaut (3) et Urdos (5 — Hôt. des *Voyageurs*).

Sur ce parcours, les deux excursions les plus intéressantes à faire sont celles : 1° du pont de Lescun à la **cascade de Lescun** (à pied 1 h. 1/4 aller et retour — entrée : 50 c.); 2° du **fort d'Urdos**, ou du Portalet (visible seulement avec l'autorisation du commandant).

La rampe de la r., entre Asasp et Urdos, est assez modérée.

Deux légères montées conduisent au village d'Asasp (**1.8**). Parvenu à l'angle de la Mairie, abandonner la r. d'Oloron (8.8) et descendre à dr. le ch. de Saint-Christau. Traversant la vallée dans sa largeur, ici assez étroite, on franchit le gave d'*Aspe*. De l'autre côté de la rivière, on monte une côte d'un kil. (11') en coupant, près de l'hôt. des *Vallées* (**1**), le ch. du pont d'Escot (5.5), à dr., à Eysus (3). Continuant devant soi la côte, on passe au pied du mont *Binet*, aux pentes mi-boisées mi-arides, et, longeant à g. un vallon parsemé de rochers, émergeant de la verdure, on descend agréablement vers un bois.

Ici, faire attention ; parvenu à l'entrée du bois, près d'un châlet, ombragé sous de hauts sapins, on aban-

donnera (**1**) le ch. d'Arudy (17.2) pour prendre à g.
l'allée, entre deux haies et en bordure d'une prairie,
qui conduit aux hôtels de Saint-Christau.

Nota. — Le cycliste pressé qui, n'ayant pas l'intention de
visiter Oloron et Pau (*V.* pages 41 et 43), voudrait se rendre
directement dans la direction de Laruns (*V.* page 46), pourra suivre le ch. d'Arudy (17), un des plus pittoresques de la région, à
travers la belle *forêt du Bager*, et, par Iseste (1.5), gagner Louvie-Juzon (0.9) où il rejoindra notre itinéraire de la page 45.

L'allée, qui pénètre dans le ravissant parc de Saint-
Christau, dépasse une petite chapelle à dr., puis une
buvette, attenant au *Vieil établissement*, à g. Elle
laisse encore à dr. une magnifique avenue de piétons,
et, décrivant un demi-cercle, vient aboutir (**0.6**) sur la
terrasse où sont situés les trois excellents hôtels de
Saint-Christau : l'hôt. du *Grand-Turc* (chambres de 2 fr.
à 5 fr.), du *Mogol* (ch. de 1 fr. 50 à 4 fr.) et de la *Poste* (ch.
de 1 fr. et 2 fr.) appartenant à la même administration
qui a tout prévu pour offrir aux baigneurs et touristes
bon logement et bonne table aux prix les plus modérés.

En dehors des maladies traitées spécialement à Saint-Christau
(affections de la langue, de la bouche et de la peau), cette sédui-
sante station thermale est encore un excellent séjour de repos et de
villégiature pour les personnes bien portantes.

Son magnifique parc, abrité au Sud par la haute montagne du
Binet, renferme les bains de la *Rotonde*, du *Vieil établissement*,
plusieurs buvettes et un coquet Casino. La rivière de l'*Ourtau*
(excellentes truites), qui arrose le parc, s'élargit près de l'hôt. de
la *Poste*, en un vaste bassin. Les eaux, retenues par un barrage,
actionnent, dans leur chute, une petite usine d'électricité qui distri-
bue l'éclairage dans l'établissement et les hôtels.

Saint-Christau est tout indiqué comme point de départ de l'excursion recommandée dans la *vallée d'Aspe* (*V.* page 39).

DE SAINT-CHRISTAU A PAU

Par Eysus, Soeix, Bidos, Oloron, Herrère-de-Bas,
Bel-Air et Gan.

Distance: 42 kil. 300 m. *Côtes :* 1 h. 17 min.
Pavé : 3 min.

Nota. — Route descendante jusqu'à Oloron. A la sortie de
cette ville, rampe de deux kil. dont la première moitié est assez
dure. D'Herrère-de-Bas à Bel-Air, terrain plutôt montant. De
Bel-Air à Gan, accidenté. De Gan à Pau, excellent.

On se rendra de Saint-Christau à Oloron par la
petite r. d'Eysus et de Soeix. Celle-ci, une jolie allée
de platanes, à dr., côtoie un moment le domaine de
l'établissement thermal et la rivière de l'*Ourtau*.
Légère montée, puis descente pour rejoindre (1.8)
le ch. d'Eysus. Ce village est situé un peu plus loin
(0.5), à flanc du côteau, sur la rive dr. du gave d'*Aspe*.
Après une petite montée (3') et une descente vers
Soeix (2.3), on se rapproche de la rivière qui coule
entre les arbres. On traverse des prairies et, près d'une
grille, on gravit encore une côte de trois cents m. (3').
Laissant à dr. (1) le ch. du haut Oloron (2), on descend rapidement à g. pour aller traverser le gave au
village de Bidos (1) sur la r. nationale d'Oloron à Urdos;
tourner à dr.
L'entrée dans Sainte-Marie, faubourg d'Oloron, s'effectue par la rue *Adoue*. Parvenu place *Thiers* (1.2),
tourner à dr. pour retraverser le gave.

(La rue de *Révol*, à g., sur la place Thiers, conduit à la cathédrale Sainte-Marie (0.6), qui possède un porche très curieux.)

De l'autre côté du pont, dans Oloron (Ch.-l. d'arr. —
8.758 hab.), suivre à g. la rue *Changy* (Montée : 2') qui
conduit place du *Palais de Justice*. Ici, laissant à g. le

pont de fer (belle chute du gave), descendre devant
soi une courte descente rapide. Presque aussitôt à dr.
la petite rue des *Bains* mène à une voûte au-dessus
de laquelle est bâti l'hôt. *Loustalot* (●.?). Si on désire
se rendre à l'hôt. de la *Poste*, situé un peu plus loin,
on traversera un second pont, sur le gave d'*Ossau*, et,
par la place *Pomone*, on gagnera (Montée 2') la place
Gambetta. Sur cette place, s'élève, à dr., la nouvelle
église Notre-Dame et, à g., se trouvent l'hôt. et le café
de la *Poste* (●.?).

(Si, avant ou après le déjeuner, on peut disposer d'une demi-
heure, on montera (à pied : 10') à l'église Sainte-Croix, bâtie au
sommet de la vieille ville, près de l'emplacement d'un ancien château. Des remparts du vieil Oloron, belle vue sur la vallée et les
montagnes.)

A la place *Gambetta*, laissant à g. le ch. très accidenté de Gan (22), par Lasseube (12 — Hôt. *Bicons*), on
prendra à dr. la r. de Gan par Bel-Air. Celle-ci gravit
pendant deux kil., dont un assez rude (15'), le versant
de la colline qui limite, de ce côté, la vallée du gave
d'*Ossau* ; à dr., sur le coteau opposé, s'étagent les maisons du vieil Oloron.

La r., toute droite, atteint l'arête qui sépare la vallée
du gave d'Ossau de celle du ruisseau d'Escout, à g. A
dr., la chaîne des Pyrénées, assez éloignée, borne
l'horizon ; tandis qu'à g. la vue s'étend sur des vallonnements moins accentués. Au hameau de Gay (?.●),
dépendant d'Escout, petite descente. Laissant à g. la
station d'Herrère (?), on traverse la ligne pour passer
près de Herrère-de-Bas (?), où se détache à dr. le
ch. de Louvie-Juzon (14.5) et des Eaux-Bonnes (30).

Ayant traversé en biais la plaine, on pénètre sous
bois pour gagner par deux montées (8' et 3'), suivies de
descentes, les petites landes qui précèdent le hameau
de Bel-Air (8.4 — Hôt. du *Bel-Air*), situé au faîte d'une
assez longue côte (15').

La r. de Pau laisse à dr. le ch. de Rébénacq (5) et
de Nay (21), puis descend entre des haies. Elle s'élève
(?') ensuite à travers une riante région fortement vallonnée ; à dr., en contre-bas, station de Haut-de-Gan

(1.8). La r. décrit plusieurs contours sur le sommet de collines gracieusement boisées, ondule (Côtes : 6', 2', 2' et 4'), et, au bas d'une belle descente, longue de deux kil., vient franchir le ruisseau des *Hies*; à dr., beau viaduc courbe de la *ligne de Pau à Oloron et à Laruns*. Petite montée (2') suivie d'une descente jusqu'à **Gan** (8.4), gros village, au croisement de la r. de Pau aux Eaux-Bonnes (35). Ici, tourner à g. pour traverser le bourg.

A la place de la *Halle*, on croise (●.4) le ch. de Nay (15.6) à Oloron (22), par Lasseube (10).

La r. excellente, bordée d'un trottoir, descend insensiblement le joli vallon de la *Nez*, en longeant la ligne du ch. de fer. Elle laisse à g. Jurançon (●.4), dont le vin est le plus renommé des crus du Béarn, et le ch. de Monein (20.5).

On atteint (●.6) l'octroi de Pau vis-à-vis l'embranchement, à dr., du ch. de Nay (17.1), par la rive g. du gave de Pau (*V.* page 78).

La rue du *14 Juillet* conduit au pont de sept arches sur lequel on franchit le gave de *Pau*. De l'autre côté du pont, dans Pau (Ch.-lieu du dép. des Basses-Pyrénées — 33.111 hab.), la rue *Marca* (Côte : 8') laisse à dr. la place de la *Monnaie* et passe sous la voûte qui relie la terrasse du château avec la promenade de la *Basse-Plante*. Ici, prendre la première rue à dr., la rue d'*Espalungue*, menant à la place *Gramont*, sur laquelle est érigée une statue du maréchal *Bosquet*. Continuer à dr. par la rue *Bordenave d'Abère* et, immédiatement après un pont, suivre à g. la rue de la *Préfecture* (Pavé : 3'). Celle-ci conduit à la place de la *Halle*, où se trouve situé à g., au n° 20, l'excellent hôt. *Central* (1.● — Atelier de réparations pour les machines, garage d'automobiles, chez M. *F. Couget*, avenue de la *Gare*. — *Grand Café*).

Visite de la ville de Pau (environ 3 h.). — Place Royale (statue de Henri IV). — Boulevard des Pyrénées (à dr.). — Le square et l'église Saint-Martin. — Le Château (visible tous les jours, excepté le lundi, de 10 h. à 5 h., en été, et de 11 h. à 4 h., en hiver). — La terrasse du château (statue de Gaston Phœbus),

à dr. — Place de la Basse-Plante. — Le parc. — Rue d'Espa-
lungue (à dr.). — Place Grammont (statue du maréchal Bosquet).
— Rue de Tran (à g.). — Place du Palais-de-Justice. — L'église
Saint-Jacques. — Rue Saint-Jacques. — Rue Gassies. — Rue
Rivarès (la 2ᵉ à dr.). — Place Mathieu-Lalanne (Musée, ouvert les
jeudis et dimanches de 1 h. à 5 h., en été, et 4 h., en hiver). —
Boulevard Barbanègre (à g.). — Le parc Beaumont (à dr.). — Le
Casino ou Palmarium. — Boulevard des Pyrénées. — Place
Royale.

Pour mémoire. — De **Pau** à **Bayonne**, *V.*, en sens
inverse, page 22.

De **Pau** à **Foix**, par Soumoulou (16), La Corne (6). Ger (6),
La Baraque (5), **Tarbes** (6 — Ch.-l. du dép. des Hautes-Pyré-
nées — 25.087 hab. — Hôt de la *Paix*; des *Ambassadeurs*),
Saint-Gaudens (67), **Saint-Girons** (48) et Foix (44 —
V. page 114).

Cette r.. qui s'élève légèrement jusqu'à Soumoulou, présente
ensuite deux côtes : la première, longue de deux kil. et demi, à la
sortie de Soumoulou; la seconde, plus courte, au village de Ger.
Celle-ci précède la descente rapide qui conduit dans la plaine de
Tarbes. De Tarbes à Saint-Girons et de Saint-Girons à Foix,
V. page 106.

De **Pau** à **Bagnères-de-Bigorre**, par Mirepoix ou Nay,
Notre-Dame-de-Betharram, Saint-Pé-de-Bigorre, Lourdes et Loucrup, *V.* pages 78 et 82.

R. pour les cyclistes pressés qui, n'ayant pas l'intention de
suivre notre itinéraire complet, permettant de visiter la série des
stations thermales des Pyrénées, désireraient se rendre de Pau à
Bagnères-de-Bigorre, puis à Bagnères-de-Luchon, par la voie la
plus courte.

PYRÉNÉES CENTRALES

DE PAU AUX EAUX-CHAUDES

Par Gan, Rébénacq, Sévignacq, Louvie-Juzon, Bielle et Laruns.

Distance : 43 kil. 800 m. *Côtes :* 1 h. 12 min.
Pavé : 3 min.

Nota. — La route étant déjà connue de Pau à Gan, on pourra faire ce parcours en chemin de fer. Départ de Pau, le matin, vers 6 h. 30 ou 9 h., trajet en 15 minutes. On se rend de l'hôt. *Central* à la gare de Pau (0.8) par la rue de la *Préfecture* et, à g., par la rue *Saint-Louis* conduisant à la place *Royale*. De la place Royale à la gare, descendre (à pied, 2') l'allée de piétons tracée en lacets au-dessous de la terrasse formée par le boulevard des *Pyrénées*.

Route presque plate jusqu'à Gan. De Gan à Sévignacq et de Louvie-Juzon à Laruns, série de petites côtes, mais la plupart très courtes. Côte de cinq kil. précédant les Eaux-Chaudes, la moitié néanmoins est faisable en machine.

De Pau à Gan, à l'embranchement de la r. d'Oloron (● — Pavé : 3'). *V.*, page 43, en sens inverse.

Dans Gan, laissant à dr. la r. d'Oloron par laquelle on est venu, on continuera à remonter la fraîche vallée de la *Nez*; plusieurs petites côtes (2', 1', 1', 2' et 1').

Au village de Rébénacq (●), après l'embranchement, à dr., du ch. de Bel-Air (5), on traverse la rivière et on laisse à g. le ch. de Nay (16.7) et de Pontacq (29.5); une côte (3'). Le vallon se rétrécit et, par de nouvelles petites montées (2', 1', 5' et 3'), suivies d'une côte très dure de six cents m. ((10' et 2'), on atteint Sévignacq (●.●).

Une agréable descente de quinze cents m. conduit dans la **vallée d'Ossau**, une des plus pittoresques des Pyrénées; très belle vue. Au bas de la pente, ne pas traverser le pont à dr., dans la direction d'Arudy (1.3), mais continuer la r. à g.

Parvenu aux premières maisons de Louvie-Juzon (2.0), à la bifurcation, laissant à g le gros de ce village, suivre la branche de droite. Cinq cents m. plus loin, on franchit le gave, vis-à-vis l'hôt. des *Pyrénées*.

La vallée se rétrécit, de hautes montagnes la bordent; dans le fond, apparait le pic de *Ger*; deux raidillons (1' et 1'). A g., sur deux monticules contigus, de l'autre côté du gave, on aperçoit l'église et les ruines du château de Castet (2.4'. La r., à peu près plate, passe devant une chapelle isolée qu'ombragent de beaux platanes, puis franchit le passage à niveau de la *ligne de Pau à Laruns*; une côte (3').

On entre dans le bassin de Bielle (1.8), bourgade, jadis capitale de l'Ossau; faibles ondulations. Après le village de Gère (2.6) et le hameau de Montplaisir (1.5), une montée de trois cents m. (3') précède un pont sur un torrent. Trois fois on traverse la ligne; ensuite, laissant à g. (2.0) le ch. de Béost, village situé sur une hauteur, on atteint Laruns (0.8 — Ch.-l. de c. — 2.193 hab.), par une montée assez accentuée (8').

Sur la place de cette localité, passer entre l'hôt. recommandé des *Touristes*, à dr., et une fontaine en marbre, surmontée d'une coupe., à g., et continuer tout droit. La r., bordée de peupliers, décrit une courbe prononcée dans le cirque de Laruns; elle franchit les ponts du torrent de l'*Arrieuzé* et du gave d'Ossau; puis, dépassant à dr., ensuite à g., chacun des anciens ch. des Eaux-Chaudes et des Eaux-Bonnes, elle commence à monter pour arriver, vis-à-vis un sapin isolé, à la bifurcation (1.8) des deux nouvelles r. des Eaux-Chaudes et des Eaux-Bonnes.

Laissant à g. la direction des Eaux-Bonnes, on s'élève sur la rive droite du gave d'Ossau, par une forte côte de douze cents m. (20'), pour pénétrer dans le sombre défilé du *Hourat*, au fond duquel mugit le torrent.

A hauteur de la *borne 31.6*, la r. passe au-dessus d'un

abîme où il est facile de descendre par un petit sentier, à g., pour voir une belle chute d'eau. A dr., le mur trop élevé qui borde la r. intercepte ce point de vue ; mais on peut apercevoir de ce côté le vieux ch., qui descend à flanc de montagne, au-dessous d'une statue de la Vierge, pour venir rejoindre la nouvelle r. au *pont Crabé* (**1.2**).

La rampe s'adoucit ; à dr., deux jolies cascades s'échappent de hautes fissures de rochers. Après une dernière montée (3'), apparaissent bientôt les habitations du village des Eaux-Chaudes (Alt. : 675 m.). Celles-ci, resserrées dans la profondeur d'une gorge sévère mais verdoyante, se composent uniquement de l'établissement thermal (traitement des affections chroniques de la gorge et de la poitrine, des maladies des femmes, de la stérilité) et de quelques hôtels.

S'arrêter soit à l'hôt. de *France* (**3.4**), à g., soit, un peu plus loin, à l'hôt. *Baudot* (**0.2**), à dr., deux bonnes maisons également recommandables.

Excursions recommandées au départ des Eaux-Chaudes. — Parmi les excursions faciles à faire aux environs des Eaux-Chaudes, nous signalerons celles de : **Gabas**, petit village situé à 8 kil. des Eaux-Chaudes et à 13 kil. de la frontière d'Espagne (montée continuelle), — de la **grotte des Eaux-Chaudes** (à pied, 2 h. aller et retour ; entrée : 1 fr. 50 par personne), — de **Goust**, village situé dans un cirque de pâturages, sur le versant de la montagne, qui a conservé des mœurs antiques.

De Gabas (*V.* ci-dessus), on peut facilement monter à pied (1 h. 45) au **plateau de Bious-Artigues**, d'où on a une vue magnifique du **pic du Midi-d'Ossau**. L'ascension de cette dernière montagne (Alt. : 2.885) est pénible et très dangereuse ; un guide expérimenté est indispensable.

DES EAUX-CHAUDES AUX EAUX-BONNES

Distance : **7** kil. **800** m. *Côtes :* **1** h.

Nota. — Cette route descend constamment depuis les Eaux-Chaudes jusqu'à la bifurcation de la route des Eaux-Bonnes ; elle monte ensuite pendant quatre kil.

Arrivant le matin pour déjeuner aux Eaux-Bonnes, nous conseillons de passer la journée dans cette station thermale et d'attendre au lendemain pour se diriger vers Argelès, par le col d'Aubisque, *V.* page 49.

Des Eaux-Chaudes à la bifurcation de la r. des Eaux-Bonnes, on descend le défilé du *Hourat*, gravi en venant.

A la bifurcation de la r. des Eaux-Bonnes (**3.8**), laissant à g. la r., également connue, de Laruns, on commencera à monter, vis-à-vis, la r. des Eaux-Bonnes. Longue côte de quatre kil (**1** h.).

La r. s'élève par des lacets, assez ombragés, sur le versant de la montagne et découvre une très jolie vue vers la vallée d'Ossau et Laruns ; à g., on aperçoit le *château d'Espalungue*, au débouché de la vallée du *Valentin*. Au-dessous de la nouvelle r., les sinuosités de l'ancien ch. s'entrelacent, tandis que sur le versant opposé de la vallée s'étage le village d'Aas.

L'entrée dans la station des Eaux-Bonnes (Alt.: 750 m. — 812 hab.) s'effectue par une rampe très dure passant au-dessous de la terrasse du *Casino*, à dr., puis longeant de ce même côté la promenade *Darralde*, plantée de beaux arbres et ornée d'un kiosque pour les concerts.

Suivant à g. la bordure des hôtels, s'arrêter à l'hôt. recommandé de la *Poste* (**1** — Café des *Princes*).

Visite des Eaux-Bonnes (environ 2 h. 1/2). — Le Casino. — La promenade Horizontale. — L'établissement thermal (traitement des affections de la gorge et de la poitrine). — L'église paroissiale. — La promenade du Gros-Hêtre.

Excursions recommandées au départ des Eaux-Bonnes. — Les environs immédiats des Eaux-Bonnes offrent une grande variété de promenades. Parmi celles plus éloignées, on pourra faire facilement les ascensions du **pic de Lazive** (à pied, 5 h. 1/2, aller et retour) et du **plateau de Gourzy** (à pied, 4 h. 1/2, aller et retour).

DES EAUX-BONNES A ARGELÈS-GAZOST

Par le col d'Aubisque, le col de Soulor, Arrens, Marsous, Aucun et Arras.

Distance : **41 kil. 900 m.** *Côtes* : **4 h. 44 min.**

Nota. — Des Eaux-Bonnes au col d'Aubisque, côte très dure de douze kil. Les cyclistes qui voudront éviter la fatigue de cette longue montée pourront se faire conduire en voiture particulière jusqu'au sommet du col (prix : 20 fr.; voitures chez *M. A. Lanusse* aux Eaux-Bonnes). Une autre côte de deux kil. préc. de le col de Soulor. Le reste du parcours est continuellement en descente. Le terrain laisse parfois à désirer jusqu'à Arrens.

Entre les Eaux-Bonnes et Arrens, il n'existe aucune ressource ; on fera donc bien d'emporter des provisions pour déjeuner en route.

A la sortie de l'hôt. de la *Poste*, suivre à g. la r., le long de la promenade *Darralde*, ensuite prendre la deuxième rue à g. qui passe dans une coupure de rocher.

Le ch. d'Argelès s'élève en corniche (Côte : 4 h.) sur la rive g. du vallon rocheux du *Valentin*, dominé par des bois de sapins et de verdoyants pâturages. Le torrent forme une jolie chute et on a une belle vue, en arrière, sur le bas quartier des Eaux-Bonnes.

Le ch. passe devant la *cascade d'Iscoo* (1.2), puis décrit de durs lacets sur les pâturages de la rive dr. du ruisseau. Un kil. plus loin, on aperçoit à g. la cascade du *Serpent* (1).

(Ici, un ch., à dr. du pont, conduit (5') à la *cascade du Gros-Hêtre*, la plus considérable du Valentin. Cachée par des sapins, au fond de la gorge, elle est invisible de la route.)

La vallée se déboise, et, bornée par le pic de *Lalatte de Bazen*, prend un aspect sauvage. A dr., dans une échancrure, apparait le pic de *Ger*; tandis qu'au sommet de la montagne, à g. **(1.8)**, se trouve le passage du col d'Aubisque qu'on gagnera par de longs circuits.

On traverse le torrent (cascade à g.) pour monter quelque temps à travers une forêt; puis, étant passé de nouveau sur l'autre rive, on atteint le hameau de Ley **(1.8** — Auberge où on peut se rafraichir) dans une petite prairie.

Le ch., s'élevant par un grand lacet au-dessus de Ley, découvre de plus en plus les pointes rocheuses du *Grand* et du *Petit Ger*, et atteint une seconde étroite prairie, appelée la plaine de *Gourette* **(2.1)**; à dr., mines d'*Anglas*.

Le sol, grossièrement rempierré par place, présente ici la partie la plus pénible de la rampe. Après être passé dans une entaille du rocher **(2.5** — vue superbe), on gravit les escarpements dénudés des hauts pâturages qui précèdent le **col d'Aubisque (1.8** — Alt. : 1.710 m.).

A la descente, un moment rapide et mal entretenue (5'), puis adoucie, on incline vers la dr. pour contourner le mont *Laid*. Le ch., taillé en corniche dans le roc, côtoyant le profond bassin de l'*Ouzon*, vaste cirque de pâturages entouré de hautes montagnes, domine un paysage grandiose et solitaire.

Après avoir dépassé une maison isolée, ensuite un court tunnel **(6.8)**, on gravit une côte de deux kil. (30') pour atteindre le **col de Soulor (2.7** — Alt : 1.450 m.).

Descente assez rapide sur les bosselures des pâturages; puis, par de nombreuses sinuosités, aux pentes moins raides, on arrive dans la région des vertes prairies d'*Artigaux*, parsemées de nombreuses granges et habitations. Plus bas, de longs lacets mènent à Arrens **(8.2** — Aub. de *France*), village dans la charmante vallée du gave d'*Azun*.

La r., aplanie et bonne, traverse successivement Marsous **(1.4)**, Aucun **(1.8** — Ch.-l. de c. — 470 hab. — montée, 3'), puis gravit encore une côte (6') en dominant une belle gorge boisée. On descend ensuite sans discontinuer sur le versant de la vallée, très profonde à dr. De ce côté, belle perspective du vallon du gave de *Labat de Bun*.

Depuis Arras (3.8), la pente s'accentue vers la belle vallée d'Argelès, au point de réunion du gave d'Azun et du gave de Pau.

Passant au-dessus du cimetière, on entre dans Argelès-Gazost (Ch.-l. d'arr. — 1.733 hab.) par la place du *Forail*. Plus loin, près de l'église, on traverse la place de la *Halle* (Café du *Centre*) pour prendre à dr. la courte rue du *Centre*. Traversant ensuite la place de la *Mairie*, ornée d'une fontaine, on descend la rue *Thermale* où se trouve situé à dr. l'hôt. de *France* (3.5), cinq cents m. avant l'embranchement de la r. de Pierrefitte-Nestalas.

Visite de la ville d'Argelès-Gazost. — Argelès, une des plus petites sous-préfectures de France, est plutôt un gros bourg. Sa jolie situation et la douceur du climat l'ont fait choisir principalement comme station d'hiver. La ville n'offrant aucune curiosité, si on dispose d'une heure, on pourra descendre dans la direction de la plaine par la rue de la *Gare*. Celle-ci s'ouvre, à dr. du bureau de Poste, sur la place de la *Mairie*. Dans la rue de la Gare, descendre la première ruelle à dr. avec escaliers. Au bas, suivant à dr. la route de Lourdes à Pierrefitte-Nestalas, on rencontrera l'entrée du *parc*, situé près de l'hôt. du *Parc*. Dans le parc, se trouvent un Casino et les *thermes d'Argelès-Gazost*, un peu délaissés dans ces derniers temps. Les eaux d'Argelès s'emploient dans les maladies des voies respiratoires, le lymphatisme et ses dérivés et certaines maladies de la peau ou nerveuses.

Excursion recommandée au départ d'Argelès-Gazost. — D'Argelès, on peut se rendre directement vers Cauterets en descendant la rue *Thermale*, qui rejoint (0.5) la r. de Pierrefitte-Nestalas, et continuer l'itinéraire comme il est indiqué page 54. Cependant le cycliste, passant à Argelès, ne devra pas manquer de consacrer une journée à la visite de **Lourdes**, la ville célèbre par son pèlerinage, « la grande Mecque du monde catholique ». Dans ce cas, on se rendra à Lourdes en machine et on visitera la ville après le déjeuner. Revenir ensuite à Argelès par la route, ou, si on ne tient pas à faire deux fois le même parcours, par le chemin de fer. Un train part de Lourdes pour Argelès, le soir, vers 5 heures.

D'Argelès à Lourdes, V. page 52.

D'ARGELÈS-GAZOST A LOURDES

Par Ayzac, Ost, Vidalos et Agos.

Distance : 12 kil. 900 m. Côtes : 15 min.

Nota. — Route descendant la jolie vallée de Lavedan; côtes et descentes insignifiantes.

De l'hôt. de *France*, revenir sur ses pas par la rue *Thermale*, à g., la place de la *Mairie* et la rue du *Centre*, à la place de la *Halle*. Ici, passer devant le café du *Centre* et, laissant l'église à g., continuer devant soi par la rue de *Vieuzac*, dont le prolongement. la rue de *Lourdes*, descend à la r. de Pierrefitte-Nestalas à Lourdes (1.1), à g.

Celle-ci, bordée d'arbres, longe, au pied de la montagne de *Gez*, la fertile vallée de Lavedan, arrosée par le gave de *Pau*.

Successivement on dépasse les villages d'Ayzac (1.1 — légère montée), d'Ost (0.7 — petite descente), de Vidalos (1.1 — vieux donjon) et d'Agos (1.2).

La r. à la base des rochers, contreforts des pics de *Lascrout* et d'*Alian*, s'élève par une côte de quatre cents m. (4'). Du sommet, on découvre les sinuosités du gave à travers les prairies. Série de courtes ondulations (Côtes : 2' et 1') suivies d'une descente, à tournant assez brusque, ramenant au niveau de la rivière.

Ayant traversé le gave, de l'autre côté du pont (4.5), on laisse à dr. un ch. pour Pierrefitte-Nestalas (16), par Beaucens (très belles ruines du château) et Villelongue, et on continue sur la rive dr. de la rivière qui décrit une jolie boucle; deux côtes (3' et 5').

La r. côtoie un moment la *ligne de Lourdes à Pierrefitte-Nestalas*, puis passe entre deux hautes cimes rocheuses, très arides, séparées par le gave. Au pied de celle de dr. (2) se trouve la station du *funiculaire* conduisant au sommet du *Jer* sur lequel s'élève un hôtel *Sanatorium*.

A l'extrémité d'une avenue, ayant franchi le passage à niveau de la halte du Soum de Lalanne, on entre dans Lourdes (●.5 — Ch.-l. de c. — 6.976 hab.) par une rue bordée de jeunes acacias. Plus loin, dépassant le Palais de Justice, à dr., et les Halles, à g., on traverse la place du *Champ-Commun*. Continuer par la rue de *La Fitte* qui mène à la place du *Marcadal*.

Sur cette place, est situé à g. l'hôt. de *Paris* (●.2) où on pourra s'arrêter pour déjeuner et laisser en garde sa machine.

Visite de la ville de Lourdes (environ 3 h. 1/2). — Place du Marcadal. — Rue de la Grotte. — Rue du Château. — Le Château (entrée, 25 c.). — Rue de la Grotte (à dr.). — Le grand Diorama de l'Apparition (entrée, 50 c.). — Le pont vieux. — Le Panorama de Lourdes (entrée, 1 fr.). La grotte de Massabielle. — La fontaine et les piscines miraculeuses. — L'église du Rosaire. — La crypte. — La basilique. — La promenade du Calvaire. — Le square des Églises. — Le nouveau pont. — Boulevard de la Grotte. — Rue Basse (à dr.). — Place du Porche. — L'église paroissiale. — Place du Marcadal.

Pour mémoire. — De **Lourdes** à **Pau**, *V.* en sens inverse, page 78.

De **Lourdes** à **Bagnères-de-Bigorre**, *V.* page 82.

De **Lourdes** à **Tarbes**, par Adé (8), Juillan (9) et Tarbes (● — *V.* page 44).
Cette r. monte doucement jusqu'à Adé, sauf deux courtes côtes, un peu plus prononcées, l'une à la sortie de Lourdes et l'autre à l'entrée d'Adé. Descente assez rapide entre Adé et Juillan ; puis terrain à peu près plat dans la plaine de Tarbes.

Nota. — De Lourdes on reviendra à Argelès, soit par la r. (12.9), soit par le chemin de fer. Un train part de Lourdes pour Argelès, le soir, vers 5 h., trajet en 30 min.
De l'hôt. de *Paris* à la station de Lourdes (●.8), suivre à g. la rue *Saint-Pierre* ; puis, à dr., l'avenue de la *Gare* (Côte : 5).
De la station d'Argelès à l'hôt. de *France* (1), suivre vis-à-vis la station, l'avenue qui conduit devant l'entrée du parc, situé derrière le Casino. Ici, longeant le parc à dr., on rejoindra la r. de Lourdes à Pierrefitte-Nestalas. Tournant à g. sur cette r., on passe devant l'hôt. du *Parc* et on continue jusqu'à l'embranchement de la rue *Thermale*. Monter cette rue à dr. (5') pour regagner l'hôt. de *France*.

D'ARGELÈS-GAZOST A CAUTERETS

PAR LAU-BALAGNAS, ADAST (OU SAINT-SAVIN) ET PIERRE-FITTE-NESTALAS.

Distance : **16** kil. **700** m. *Côtes :* **2** h. **54** min.

Nota. — Cette route, à peu près plate d'Argelès-Gazost à Pierrefitte-Nestalas, par Adast, présente ensuite une montée continuelle, par endroits très dure, longue de dix kil. entre Pierrefitte-Nestalas et Cauterets. L'itinéraire du voyage nécessitant le retour obligé à Pierrefitte-Nestalas, nous engagerons les cyclistes à utiliser le tramway électrique, véritable curiosité par lui-même, qui domine constamment la route et les conduira de Pierrefitte-Nestalas à Cauterets en 50 min. tout en leur évitant la côte. Au retour, on descendra la route à bicyclette.

Entre Argelès-Gazost et Pierrefitte-Nestalas, les cyclistes, qui ne craindront pas de gravir une montée d'environ quinze cents m., n'hésiteront pas à faire le détour par Saint-Savin. Ce trajet, beaucoup plus pittoresque que par Adast, allonge seulement de deux cents m.

S'arranger pour déjeuner à Pierrefitte-Nestalas et prendre ensuite le tramway électrique au départ de 1 h. de l'après-midi. On arrive ainsi à Cauterets vers 1 h. 45 et on a le restant de la journée pour visiter Cauterets et ses environs immédiats.

Descendre la rue *Thermale*, à dr. de l'hôt. de *France*, pour rejoindre (**9.5**) la r. de Lourdes à Pierrefitte-Nestalas. Celle-ci, à dr., traverse le gave d'*Azun* au petit village de Lau-Balagnas, situé deux cents m. après le pont (**9.7**)

Nota. — Ici, on a le choix : soit de continuer la r. nationale, à peu près plate, par Adast, dans le bas de la vallée; soit de passer par Saint-Savin, en allongeant de deux cents m. avec une côte à gravir de quinze cents m. environ. Les vrais touristes choisiront de préférence le trajet par Saint-Savin que nous décrivons ci-dessous.

Abandonnant la r. nationale, prendre la rue à dr. de l'église de Lau-Balagnas et traverser le village.

Le ch., s'élevant (7', 1', 2') sous l'ombrage de belles châtaigneraies, passe au hameau d'Aubix; puis, gravissant une dernière côte assez dure (8'), atteint Saint-Savin (2).

L'**église de Saint-Savin**, sur l'emplacement d'une ancienne abbaye, renferme le tombeau de Saint-Savin, premier apôtre de Bigorre, et contient plusieurs antiquités remarquables.

A l'autre extrémité de la place de Saint-Savin, après la fontaine, descend à g. le ch. de Pierrefitte-Nestalas. Auparavant, ne pas manquer de s'arrêter un moment sur la terrasse voisine. On y jouit d'une vue merveilleuse sur la vallée d'Argelès et sur les ruines importantes du *château de Beaucens*, situées sur le versant de la montagne opposée.

Après une courte descente, le ch. de Pierrefitte monte durant cinq cents m. (6') pour passer au-dessous d'une petite chapelle isolée; nouveau magnifique point de vue. On descend ensuite, entre des châtaigniers, en laissant à dr. le monument élevé en 1867 à *Despourrins*, le poète populaire des Pyrénées.

Au bas de la descente, on rejoint (2.5) la r. nationale.

Nota. — Si on doit monter en machine la r. de Cauterets, on continuera la r. à dr. jusqu'à Pierrefitte-Nestalas. Au milieu du village (0.6) se trouve la bifurcation des r. de Luz, à g., et de Cauterets, à dr. Celle-ci monte, sans discontinuer jusqu'à Cauterets (10.4 — à pied : 2 h. 1/2).

Si, suivant notre conseil, on préfère utiliser le tramway électrique de Pierrefitte-Nestalas à Cauterets, on suivra l'itinéraire indiqué ci-dessous.

Traversant la r. nationale, on prendra, vis-à-vis, le ch. assez détérioré et caillouteux (à pied : 7') qui se dirige vers un groupe de maisons, derrière lesquelles apparaît le clocher de l'église de Pierrefitte-Nestalas, et on continuera en se guidant sur la direction du télégraphe.

Ayant rejoint (2.5) l'avenue de la *Gare*, tourner à g. pour descendre à la station de Pierrefitte-Nestalas (2.2).

attenante à l'embarcadère du chemin de fer électrique de Cauterets.

Ici, s'arrêter pour déjeuner à l'hôt. recommandé de *France*, en face de la station.

Nota. — Pierrefitte-Nestalas par son admirable situation au fond de la vallée d'Argelès, au pied du pic de *Soulom*, et à l'entrée des splendides vallées de Cauterets et de Luz, mérite d'être choisi comme lieu de séjour et comme station climatérique. L'affluence des voyageurs qui se rendent soit à Cauterets, soit à Luz, donne une grande animation à la station de Pierrefitte-Nestalas d'où partent également les services de voitures particulières ou publiques (Omnibus pour Cauterets, 1 fr. 25; pour Saint-Sauveur et Luz, 3 fr.; pour Barèges, 4 fr. 50 — On peut au besoin placer les machines sur ces voitures).

De l'hôt. de *France* on peut facilement faire à pied l'excursion très intéressante des ruines du **château de Beaucens** (5 kil. aller et retour), situées dans la vallée d'Argelès sur la rive droite du gave de Pau.

Après avoir déjeuné, se diriger vers l'embarcadère du *chemin de fer électrique*, vis-à-vis l'hôt. de *France*. Faire enregistrer sa machine (15 c.) et prendre un billet pour Cauterets (prix : 2 fr. 25 ou 1 fr. 70); se placer sur la plate-forme du tramway.

La ligne du tramway électrique de Cauterets, d'une hardiesse inouïe, s'élève sur les contreforts de la montagne du *Cabaliros* et domine les lacets de la r. nationale. On pénètre, après un tunnel creusé dans le roc, dans l'étroite vallée du gave de *Cauterets* en découvrant à chaque détour un splendide panorama. La marche du tramway est conduite d'une façon très prudente car la ligne monte, descend et décrit des courbes folles au bord du précipice.

Après le *viaduc de Meyabat*, parvenu à la butte caractéristique du *Limaçon*, sur laquelle apparaissent les spirales de la r., au milieu de blocs de marbre tombés du Cabaliros, le tramway escalade deux pentes inverses, en opérant deux manœuvres successives de marche arrière et de marche avant.

Dans le fond du paysage, tout à la fois gracieux et grandiose, s'élèvent les pics de *Hourmégas* et de *Péguere*; tandis que la cime rocheuse, en partie couverte de neige, du pic d'*Ardiden*, semble fermer la vallée.

La ligne, qui domine toujours la r. et le gave, aboutit, à l'entrée de Cauterets (Alt. : 932 m. — 1.685 hab.), à la gare en bois du chemin de fer électrique, construite en forme de chalet.

A la sortie de la gare, on rejoint presque immédiatement la r. et on pénètre dans Cauterets, station thermale très fréquentée, par la rue *Richelieu*. Celle-ci, bordée exclusivement d'hôtels et de maisons meublées, monte (5') à la place *Saint-Martin*, où se trouve situé à dr. l'hôt. recommandé de *Paris* (**O.5** — Café *Anglais*; du *Casino*).

Visite de la ville de Cauterets et de ses alentours (environ 2 h. 1/2). — Place Saint-Martin. — Place de l'Hôtel-de-Ville. — Le relief Wallon (entrée, 50 c. ou 1 fr. selon la saison). — L'esplanade des Œufs (à g.). — Le Casino. — La gare du tramway électrique de La Raillère. — Chemin de la Raillère (à dr. de la gare; longer la rive g. du gave). — Le pont en pierre de La Raillère (longer la rive dr. du gave). — Route de Cauterets (à g.). — Rue de l'Eglise (la 2e à dr.). — L'église paroissiale. — Rue de Pauze. — Place Ségur-d'Aguesseau (Thermes de César). — Rue du Parc (Néo-Thermes). — Le Parc (la petite allée à dr.). — Sentier du pont de Fanlou (à g.). — Route de Pierrefitte (à dr.). — Le pont de Fanlou. — Route tournante du Mamelon Vert (toujours à g.). — Boulevard du Mamelon Vert. — L'esplanade des Œufs. — Boulevard Latapie-Flurin (à g.). — Rue de Belfort (à dr.). — Place de l'Hôtel-de-Ville.

Nota. — Si on dispose encore d'une heure avant le dîner, on pourra se rendre par le *tramway électrique* aux **thermes de La Raillère**, les plus fréquentés de la station, situés à 1.600 m. de Cauterets (trajet en 5'; départs toutes les 6 et 10'; prix, aller et retour : 70 c. ou 50 c. Dernier départ de La Raillère, le soir, à 7 h.).

Après avoir visité la terrasse et l'établissement de La Raillère revenir sur ses pas, puis se diriger vers la *buvette de Mauhourat*, située à trois cents m. de La Raillère, au pied du pic boisé de *Hourmigas*, et au point de jonction des vallées de *Lutour* et de *Jeret*. De cet endroit, on jouit d'une jolie vue d'ensemble des cascades formées par la chute des gaves de *Lutour*, à g., et de *Marcadan* ou de *Gaube*, à dr.

Les eaux de Cauterets qui alimentent neuf établissements thermaux, situés en différents points de la vallée, sont employées avec succès contre les maladies de la peau et des voies respiratoires, les affections rhumatismales et la scrofule.

Excursions recommandées au départ de Cauterets.
— Le cycliste qui séjournera à Cauterets pourra varier à l'infini ses promenades et excursions, tant à pied qu'à cheval, au milieu d'une contrée ravissante, entourée de superbes montagnes. Parmi les excursions les plus renommées nous rappellerons celles : du **lac de Gaube**, par la **cascade de Cérisey** et le **pont d'Espagne** (très recommandée; 5 h. 1/2 à pied ou à cheval, aller et retour; hôtelleries au pont d'Espagne et près du lac de Gaube), — du lac d'**Estom** (6 h. à pied ou à cheval, aller et retour; hôtellerie), — de la **cascade et du lac d'Iléou** (5 h. 1/2 à pied; 4 h. à cheval, aller et retour), — du **col de Riou** (4 h. 1/2 à pied ou à cheval, aller et retour; hôtellerie).

Les quatre excursions ci-dessus sont faciles et peuvent être faites sans guide.

Parmi les ascensions abordables, mais où la présence d'un guide est nécessaire, il faut citer celles : du **Mont-Péguère** (Alt : 2.187 m. ; 6 h. à pied, aller et retour), — du **Monné** (Alt : 2.724 m. ; 7 h. à pied, 6 h. à cheval, aller et retour), — du **Cabaliros** (Alt : 2.333 m. ; 6 h. à pied ou à cheval, aller et retour). — du **pic d'Ardiden** (Alt : 2.988 m. ; 9 h. à pied, aller et retour; excursion pénible), – du **port du Marcadaqu** (Alt : 2.556 m. ; 9 h. à pied, aller et retour; excursion fatigante).

Enfin, pour mémoire, les alpinistes intrépides pourront tenter de Cauterets l'ascension difficile du **Vignemale** (Alt : 3.298 m.), la plus haute cime des Pyrénées françaises. Cette excursion, pour laquelle un excellent guide, l'emploi de la hache et de la corde sont obligatoires, demande environ 15 à 19 heures de marche. On couche à l'hôtellerie du lac de Gaube ou dans les grottes abris dus à la libéralité de M. le comte Russell.

Nota. — On trouvera les descriptions détaillées des diverses excursions et ascensions citées ci-dessus, mais qui s'écartent du cadre de notre ouvrage, dans le guide des *Pyrénées* de la collection Conty, ainsi que dans le guide diamant des *Pyrénées* par P. Joanne.

DE CAUTERETS A GAVARNIE

PAR PIERREFITTE-NESTALAS, SOULOM, SASSIS, SAINT-SAUVEUR ET GÈDRE.

Distance : **41** kil. **300** m. *Côtes :* **3** h. **16** min.

Nota. — De Cauterets à Pierrefitte-Nestalas, descente continuelle, pente modérée, à l'exception des trois rapides lacets de la butte du Limaçon et du dernier kil. qui précède Pierrefitte-Nestalas. Entre Pierrefitte-Nestalas et Saint-Sauveur, rampe peu pénible ; à part deux kil. et demi, plus durs, tout le parcours peut se faire en machine.

Prochainement Pierrefitte-Nestalas sera relié à Luz, situé à quinze cents m. de Saint-Sauveur, par un tramway électrique.

Entre Saint-Sauveur et Gèdre, la rampe s'accentue ; de Gèdre à Gavarnie, la montée devient plus pénible encore. Le cycliste qui voudra se ménager pourra louer à Saint-Sauveur une voiture particulière. Il évitera ainsi de pousser sa machine pendant dix kil. Les voituriers de Saint-Sauveur prennent de 8 à 15 fr., suivant la saison, pour conduire à Gavarnie. Dans ce prix, le retour à Saint-Sauveur est compris.

Quittant l'hôt. de *Paris*, descendre à g. la rue *Richelieu*. La r. de Pierrefitte-Nestalas, laissant à g. la gare du chemin de fer électrique, suit la rive dr. du gave et descend modérément, entre les prairies du plateau de Cancé, jusqu'à l'auberge de *Calypso* (**3.8**).

Ici, descente rapide des trois lacets de la *butte du Limaçon* ; à dr., deux immenses tuyaux d'adduction sont destinés à fournir d'eau une petite usine électrique.

La r. passe sous le *viaduc de Meyabat* et, traversant un pittoresque défilé, longe la base de rochers entremêlés de verdure. On franchit le gave (**3.3**) et, un peu plus loin, le pont du torrent du *Seissou*, parallèle au pont de la ligne du chemin de fer électrique. A g., au sommet de la montagne, s'élèvent les bâtiments d'une exploitation de mines de plomb argentifère.

Le gave roule à une grande profondeur à dr., dans un étroit et sinistre couloir de rochers, tandis qu'à g. on aperçoit l'entrée du tunnel de la ligne, creusé dans une muraille de granit. Vue magnifique sur la vallée d'Argelès qu'on découvre peu à peu en sortant du défilé de Cauterets.

A dr., des vestiges de ruines couronnent la pointe avancée des premiers contreforts du pic de *Soulom*.

Descente rapide, longue d'un kil., avec tournant brusque, vers Pierrefitte-Nestalas.

Au milieu de ce village (**2.2**), laissant à g. la r. d'Argelès, on prendra à dr. la direction de Luz. Un raidillon (1') précède le pont du gave de *Cauterets*; puis on passe au pied de l'église, à clocher crénelé, de Soulom (**0.2**).

Après une légère descente de sept cents m., la r. franchit l'impétueux et large gave de *Pau*, ensuite remonte la rive dr. de ce cours d'eau, presque horizontalement, au pied d'une large muraille taillée dans le vif du rocher.

La rampe s'accentuant, on pénètre dans une étroite et magnifique gorge. A dr., les deux vieux ponts de l'*Echelle* et d'*Arsimpé*, à un kil. de distance environ l'un de l'autre, relient l'ancien ch. à la r. tracée en corniche dans le roc. Rampe assez dure pendant huit cents m. (10').

A la sortie de la gorge, au fond de laquelle mugit le gave, retenu dans une étroite fissure, petite descente; on passe devant une buvette (**5.8**). La vallée s'élargit un peu et, d'aspect moins sévère, se revêt de quelques pâturages; rampe douce. On descend ensuite légèrement au pont de la *Hiladère* (**1.5**) dont le parapet g. porte un obélisque avec inscription en l'honneur de la reine *Hortense*.

La r., à présent sur la rive g. et au niveau du gave, se rapproche du charmant petit bassin de Luz, aux fraîches prairies parsemées de magnifiques peupliers. De pittoresques villages ou hameaux peuplent les pentes de montagnes engageantes. Deux montées de trois cents et de cent m. accentuent la rampe. A g., le village et l'église de Saligos se cachent dans un nid de verdure, sur une colline boisée et à l'entrée d'un ravin.

Plus loin, au pont suivant, bifurcation (**2.8**). Ici, laisser à g. la r. de Luz (1.7), qui franchit de nouveau le gave, et continuer à dr. par le ch. de Saint-Sauveur. Celui-ci s'élève (6') en terrasse et passe à Sassis (0.8), où vient aboutir le ch. de piétons qui relie Cauterets à Luz, par le *col de Riou* (*V.* page 58). A g., le gave de Gavarnie se réunit au gave de *Bastan* pour former le gave de *Pau.*

On traverse une luxuriante plantation de marronniers et de peupliers, tandis que le ch., montant de nouveau (12'), rejoint, près d'un reverbère (1.1), la r. descendant à Luz (1.2), à g.

Continuant le ch. à dr., bientôt on atteint les premières habitations de Saint-Sauveur-les-Bains, village dépendant de Luz, et dont la rue unique, suspendue au-dessus du vallon, est bordée d'hôtels et de maisons meublées.

Au contour d'un rocher, remarquer à g. une colonne de marbre, entourée d'un balcon, formant belvédère.

Un peu plus loin, se trouve situé à dr. le Grand Hôtel des *Bains-et-des-Princes-réunis* (0.4) où on s'arrêtera. Le quatrin suspendu à l'entrée de cette excellente maison :

> Partir est un destin funeste
> Si j'étais chef d'un grand Etat
> J'aurais pour cuisinier **Piatat**
> Et je me ficherais du reste.
>
> (ARMAND SYLVESTRE)

rappelle au cycliste l'heure du déjeuner.

De la terrasse de l'hôtel, magnifique panorama sur l'extrémité méridionale de la vallée de Luz, la gorge de Saint-Sauveur, environnée d'une végétation abondante, la chapelle Solferino et l'église du village.

Après avoir déjeuné à l'hôt. des *Bains-et-des-Princes-réunis*, on continuera à monter (10') la rue de Saint-Sauveur-dont les habitations de droite sont adossées à la montagne. On passe devant l'établissement thermal (spécialement affecté au traitement des maladies des femmes), gracieux édifice, disposé en péristyle rectangulaire, limitant un hall vitré d'où on découvre une vue ravissante ; puis devant le *Salon des Etrangers*, à dr., le casino de la station. A g., un superbe marronier étend son ombrage, non loin d'une seconde colonne commémorative, surmontée d'une boule.

La r., qui traverse la localité, est construite en terrasse et bordée de parapets. Elle laisse à g. l'élégante église qui fut donnée à Saint-Sauveur par l'empereur Napoléon III et atteint le *pont Napoléon* (**0.9**).

Le **pont Napoléon**, œuvre d'art d'une grande hardiesse, relie les deux rives de l'étroite gorge à une hauteur de 65 m. au-dessus du gave. Long de 67 m. et construit entièrement en marbre, il présente une arche unique de 47 m. d'ouverture. Pour admirer l'exécution grandiose du pont Napoléon, le mieux est de descendre le sentier, avec escalier, qui s'ouvre à g., sur le bord de la r., avant de traverser le pont (20' aller et retour). On descend ainsi au niveau du gave, et. passant sous le pont, on atteint une petite plate-forme, munie de bancs et voisine d'une limpide fontaine, d'où on peut contempler tout à l'aise la construction du pont et le fond de la gorge.

De l'autre côté du pont, à dr., une colonne de marbre, surmontée d'un aigle, a été érigée en l'honneur de l'empereur Napoléon III et de l'impératrice Eugénie. On laisse à g. la r. de Luz (2.1).

L'admirable r. de Gavarnie s'élève à dr. sur les flancs boisés du *Bergons*, tandis que le gave roule ses eaux dans la profondeur de la gorge. De place en place des petites terrasses, avec bancs en pierre, sont ménagées sur le bord de la r. pour permettre de mieux voir le paysage.

La rampe, continuelle, s'accentue par instants (Côtes : 2', 3', et 3'). A la sortie du défilé, jolie cascade, à dr.; nouvelle côte (3').

On franchit une seconde fois le gave, au *pont de Sia* (**2.6**), dans le voisinage du hameau et de la belle cascade de ce nom. De hautes montagnes semblent barrer l'extrémité de la vallée. Celle-ci se rétrécit derechef en une gorge aride dont les versants sont couverts d'éboulis de rochers. En arrière, se profile le cône effilé du pic de *Viscos* (Côte : 6' et 2').

Après le *pont Desdouroucat*, sortant de la gorge, on pénètre dans le petit bassin de prairies de Pragnères, région plus riante, où on traverse (**2.5**) le torrent du *Barada*; une côte (3'). La r. longe la rive droite du gave assagi, puis s'élève par une rampe courbe (15'), pour passer au pied d'une croix en bois. Un moment on aperçoit la cime neigeuse du *Piméné*.

On roule à peu près à plat ; ensuite, ayant franchi un nouveau torrent (Montée : 2'), au delà de quelques gracieuses sinuosités, on découvre à un détour de la r. le pittoresque village de Gèdre, celui-ci au point de jonction des gaves d'*Héas* et de *Gavarnie*.

Dans Gèdre, on laisse à g. la *Fruitière des Pyrénées*, établissement où on fabrique un beurre renommé, et on arrive devant l'hôt. recommandé de la *Grotte* (**4.1**). S'arrêter ici pour voir la *grotte de Gèdre*, située derrière l'hôt.

La **grotte de Gèdre** (entrée, 25 c.), plutôt un gouffre, forme le débouché d'une étroite fissure de rocher d'où s'échappe le gave d'*Héas* en formant une belle cascade.

L'hôt. de la *Grotte*, à Gèdre, est le point de départ tout indiqué pour les touristes qui voudront visiter la **vallée de Héas** et le **cirque de Troumouse**, magnifique excursion, praticable à cheval ou à âne, qui demande de 6 à 8 h. aller et retour.

Depuis Gèdre, la r. devient très dure (Côtes : 1 h. 15' et 45'). Elle s'élève au-dessus du village par trois grands lacets tracés à la base du *Coumély*; à g. se détache (**1.6**) le ch. muletier de la vallée d'Héas et du cirque de Troumouse (*V.* ci-dessus). Plus loin, on aperçoit à dr. la jolie cascade de *Saussa*; ensuite, parvenant à une grande élévation au-dessus du gave, on traverse un site des plus sauvages, bordé à g. par un écroulement formidable de roches qui semblent prêtes à engloutir le voyageur.

A hauteur de la *borne 85.9* (**1.6**), remarquer encore à dr. la magnifique cascade d'*Arroudet*, haute de 200 m., se subdivisant elle-même en cinq chutes d'eau inférieures.

La r. pénètre dans la *gorge du Chaos*, au milieu d'énormes blocs de granit, et atteint (**0.6**) une petite cabane de refuge. Dans ces parages, près du rocher de dr., surmonté d'un poteau télégraphique, si on regarde au fond du gave, une roche, en partie couverte de mousse, semble reproduire l'image d'un ours endormi; tandis que vers la g., sur la paroi de la montagne qui fait face, de curieuses fentes dessinent l'image d'un personnage assis et méditant. Encore à dr., on voit un petit pont, sans parapet, jeté à une hauteur vertigineuse au-dessus du gave. Dans le lointain, apparaissent les gradins supérieurs, couverts de neige, du cirque de Gavarnie. La vallée, sévère d'aspect, s'élargit un peu.

La r. traverse deux torrents, aux mauvais passages cailloutés, dont il faudra se méfier à la descente ; puis, ayant décrit une courbe, autour d'une prairie environnée de montagnes arides, dépasse un étranglement rocheux.

On découvre à dr. l'entrée de la haute vallée d'*Ossoue*, dominée par la masse imposante du *Mont-Ferrand* et encadrée par deux cascades, qui, de loin, semblent latérales.

Après une dernière sinuosité, apparait le petit village de Gavarnie (Alt. : 1.350 m. — 317 hab.). Aussitôt le pont franchi, descendre à dr. le raidillon qui conduit devant l'excellent hôt. des *Voyageurs* (**4.2**).

De Gavarnie au cirque. — L'excursion classique du village au cirque de Gavarnie demánde deux heures, aller et retour, si on se contente d'aller jusqu'au restaurant du *Cirque*, et une heure supplémentaire, si du restaurant du Cirque on veut aller à pied jusqu'au fond du cirque. Le moyen le plus pratique pour faire cette excursion est de louer à Gavarnie soit un cheval (3 fr.), soit un âne (2 fr.), ce dernier est préférable. Un guide (3 fr. en plus) n'est pas nécessaire en suivant l'itinéraire ci-dessous.

A la sortie de l'hôt. des *Voyageurs*, monter à dr. à la r. et la suivre, à dr., jusqu'au delà de l'hôt. du *Point de vue de la cascade*. Ici, à l'angle d'un hangar, laissant à dr. le ch. muletier qui conduit vers l'église de Gavarnie et au col ou *port de Gavarnie* (frontière espagnole, à 3 h. de Gavarnie), on descendra le raidillon à g. On longe le gave et, dépassant à g., au hameau de Rivière-Dessus, un premier pont en bois, on aura bien soin de traverser à g. le torrent seulement au deuxième pont, un pont en pierre.

De l'autre côté de ce pont, le ch., rocailleux, suit un moment la rive du gave ; puis, ayant contourné un rocher, gravit un premier escarpement caillouteux. Il descend ensuite dans une petite prairie, couverte de maigres pâturages, au ras du torrent. A g., une cascade semble s'échapper du flanc même du rocher ; tandis qu'à dr. s'ouvre la *brèche de Roland* entre des roches nues. Bientôt on gravit un second escarpement, planté d'un petit bois de sapins clairsemés.

Le sentier s'élève en lacets et atteint le restaurant du *Cirque*. D'ici on découvre presque en entier le célèbre **cirque de Gavarnie**.

Pour mieux se rapprocher du fond du cirque, ainsi que de la grande cascade, on devra laisser sa monture au restaurant et descendre à pied le sentier qui passe devant le petit belvédère voisin du restaurant. A la bifurcation, continuer à dr. pour traverser le torrent sur un pont primitif composé de deux sapins couchés aux branches bouchées de terre. De l'autre côté du pont, on escaladera la butte vis-à-vis et on se rapprochera de la grande **cascade de Gavarnie** en utilisant pour la marche les parties les plus gazonnées.

Le cirque de Gavarnie, une des plus intéressantes curiosités naturelles des Pyrénées, est dominé par la chaîne des pics du *Marboré* et de l'*Astazou*. Il forme une colossale enceinte demi-circulaire dont la hauteur varie de 1.400 à 1.700 m. sur un développement de près d'une lieue. Les rochers de cette enceinte présentent trois étages de murs verticaux, séparés par des gradins de diverses largeurs, toujours couverts de neige. Plusieurs cascades, tombant à pic du haut de ces murailles titanesques, attirent le regard, principalement la grande cascade dont les eaux sont fournies par le glacier du *Marboré*. Aucune description ne saurait rendre la sublime et sauvage grandeur de ce site incomparable.

Nota. — On peut jouir encore d'une belle vue d'ensemble, mais plus éloignée, du cirque de Gavarnie en gravissant, pendant environ une heure, le ch. muletier du *port de Gavarnie* (*V*. page 64) qui s'élève à dr. sur le flanc dénudé du pic de *Mourgat*. S'arrêter à l'endroit où, ayant contourné une dernière arrête, on découvrira le mieux le cirque et la grande cascade de Gavarnie.

Excursions recommandées au départ de Gavarnie. — à la **cascade de Lapaca** (10' aller et retour), en prenant devant l'hôt. des *Voyageurs* le ch. qui descend à g., on arrive, après avoir traversé un petit pont, en vue de la chute du gave dont les eaux se précipitent dans un gouffre profond.

Gavarnie est un centre d'excursions, principalement pour les ascensionnistes. Deux ascensions faciles sont celles du **Piméné** (Alt.: 2.803 m.; 5 h. 1/2 aller et retour), qui peut se faire presque entièrement à cheval ou à âne, et de la **brèche de Tuquerouge** (Alt.: 2.675 m.; 8 h. aller et retour). Plus pénibles sont les ascensions de la **brèche de Roland** (Alt.: 2.804 m.; 7 h. aller et retour), — du **pic de l'Escuranza** (Alt.: 2.840 m.; 9 h. aller et retour), — du **pic de Marboré** (Alt.: 3.253 m.; 9 h. aller et retour).

C'est également de Gavarnie qu'on peut faire l'ascension du **Mont-Perdu**, situé sur le territoire espagnol (Alt.: 3.352 m.; deux jours), la plus haute cime des Pyrénées après le *Néthou* et le pic *Posets* (*V*. page 97).

DE GAVARNIE A BARÈGES

Par Gédre, Luz et Esterre.

Distance : **27** kil. *Côtes :* **2** h. **12** min.

Nota. — Descente continuelle entre Gavarnie et Luz, à l'exception d'une montée de quatre cents m. précédant Luz. A trois kil. de Gavarnie, se méfier de trois mauvais passages pavés en cailloux inégaux. Pente rapide aux lacets de Gèdre.
De Luz à Barèges, sept kil. et demi de côte, très durs, à pied.

De Gavarnie au *pont Napoléon* (**17.2**), *V.*, page 59, l'itinéraire de *Cauterets à Gavarnie*, en sens inverse.
Laissant à g. le pont Napoléon, on continuera à descendre la r. devant soi, sur la rive dr. du gave; pente assez rapide. Ravissante vue, à g., sur le village de Saint-Sauveur dont les coquettes maisons se détachent avec une grande netteté, parmi la verdure, au-dessus de la gorge.
Au bas de la descente (**1.2**) laissant encore à g. un second pont, dont la r. remonte vers Saint-Sauveur (0.7), on montera à dr. (3') une magnifique avenue, bordée de peupliers, éclairée à l'électricité, qui conduit à Luz. On passe au pied de la colline sur laquelle s'élève la *chapelle Solférino* (*V.* page 67).
Un peu plus loin, dans une propriété que clôt une grille, on voit le chalet où la Société des eaux de Barèges faisait descendre une partie des eaux minérales. Depuis que les conduites ont été coupées par l'inondation du *Bastan*, en 1897, cet établissement est resté fermé.

On entre dans Luz (**0.8** — Ch.-l. de c. — 1.507 hab.) vis-à-vis du grand chalet hôt. de l'*Univers*, où on pourra laisser sa machine en garde pendant qu'on ira visiter l'église, la chapelle Solférino et le château Sainte-Marie.

Nota. — On ne doit pas quitter Luz sans avoir au moins visité sa très curieuse **église des Templiers**, située au centre du village. Dans la tour carrée de cette église-forteresse il y a un petit musée intéressant d'antiquités (aumône de 50 c. par personne au profit de l'église et petite gratification au sacristain qui accompagne).

De l'église des Templiers on peut atteindre, par le chemin du cimetière, le sommet de la colline sur laquelle s'élève la **chapelle Solférino**, voisine d'une pyramide commémorative érigée par les ordres de Napoléon III, en 1867. Très jolie vue sur le verdoyant bassin de Luz-Saint-Sauveur, à la jonction des vallées de Gavarnie et de Barèges; à g., Saint-Sauveur, à dr., Luz et, de ce côté, sur un monticule, les ruines du château Sainte-Marie.

La visite de l'église des Templiers et la promenade à la chapelle Solférino demandent environ 1 h. aller et retour. Si, revenu à l'hôt. de l'*Univers*, on dispose encore de 3/4 d'heure, on pourra traverser le pont voisin, sur le *Bastan*, et gagner l'entrée du village d'Esquièze. D'Esquièze, un sentier monte aux donjons du **château Sainte-Marie**. Malheureusement la porte de ces ruines est souvent fermée et les tours masquent une partie du paysage.

La r. de Barèges gravit la rue, à g. de l'hôt. de l'*Univers*, et ne cessera plus de monter très durement pendant sept kil. et demi (2 h. 10'). A l'extrémité de la rue, on infléchit à g. pour s'engager, un moment à l'ombre d'un rideau de peupliers, dans la vallée du *Bastan*; jolie vue, à g., sur les ruines du château Sainte-Marie.

On remonte la rive g. du torrent, qui, à la suite d'un violent orage, dévasta toute la vallée, le 3 juillet 1897. La r. fut emportée sur une distance de plusieurs kil. et le village d'Esterre (**0.7**) souffrit particulièrement de ce désastre. De magnifiques peupliers qui ornaient cette région durent être abattus pour construire des digues.

La vallée se rétrécit, et, après le hameau de Viella (**0.5**), on passe au-dessous du village de Betpouey. Un peu plus loin, la nouvelle r., quittant (**2.9**) les bords de

l'impétueux torrent, contourne un monticule par deux
lacets, s'élève au-dessus du Bastan et rejoint de nouveau ses eaux furibondes près du pont de Sers, dans
un site encore plus dévasté, au pied de la montagne
de *Bene*.

Un autre dur lacet fait gagner le hameau de Pontis
(**2**), puis celui de Cabadur. Enfin deux derniers zigzags
conduisent au hameau de Cazaous (**0.9**), voisin de
Barèges.

A l'entrée de Barèges (Alt. : 1.232 m.), qui se compose d'une seule rue montante, parallèle à la rive g. du
Bastan, on laisse à g. le *Casino*, modeste construction
en planches, et on atteint presque aussitôt à dr. la porte
de l'hôt. recommandé de *France-et-de-l'Europe* (**0.6**).

Visite de la ville de Barèges (environ 45 min.). —
L'hôpital militaire. — L'établissement thermal (eaux d'une effi-
cacité hors ligne dans le traitement de la scrofule, de la syphilis,
des lésions traumatiques, des affections des muqueuses). — L'hospice Sainte-Eugénie. — La promenade Horizontale.

Excursion recommandée au départ de Barèges. —
C'est de Barèges que se fait le plus commodément la facile et
renommée ascension du **pic du Midi-de-Bigorre**. On peut
monter à cheval (10 fr.), ou à âne (5 fr.), jusqu'au sommet (4 h.) ;
mais généralement on laisse sa monture en garde à l'hôtellerie,
située au pied du pic, à 1 h. de marche de la cime. Si on prend
un guide, il faut payer 10 fr. en plus. Celui-ci n'est pas nécessaire ;
toutefois, dans la crainte des brouillards, on pourra se faire conduire par un jeune garçon du pays (2 ou 3 fr. de pourboire). La
descente demande environ 2 h. 45 min. Souvent les touristes passent la nuit à l'hôtellerie (ouverte dans les premiers jours de
juillet), afin de pouvoir assister le lendemain au lever du soleil, au
sommet du pic.

Itinéraire : De Barèges au *pont de Tournabout* (2.6 — 45'),
V. page 70. Au pont de Tournabout, abandonner la r. du col du
Tourmalet et traverser à g. le *Bastan*. De l'autre côté du pont,
suivre le ch. muletier à dr. Celui-ci s'élève, en biaisant, sur le flanc
pelé de la montagne de *Beyrette* et traverse successivement sept ou
huit ravins. A dr., on aperçoit le grand circuit que fait la r. du
Tourmalet dans l'aride vallée d'Escoubous, avant de revenir parallèlement à celle du Bastan. Plus haut, on distingue les derniers
lacets de la r., près du col du Tourmalet, lorsqu'on sera parvenu
dans le voisinage des *cabanes de Toue* (1 h.) habitées par des
bergers.

Ici, remarquant une colonne à terre, renversée de son piédestal (érigée en 1839 en l'honneur du duc de Nemours), on fera attention, car c'est le seul endroit où il serait possible de se tromper de direction. Tourner à g. de la colonne, et, le sentier se perdant, gravir la rampe gazonnée du pâturage. Quelques m. plus haut, on retrouve le sentier muletier et il n'y a plus qu'à suivre ses sinuosités, sur le flanc de la montagne *Aoube*, sans crainte de s'égarer. Le sentier s'élève en lacets durs et pénètre dans le vallon sauvage du *Couret d'Oncet*. Bientôt on ne tarde pas à apercevoir devant soi l'hôtellerie située au pied même du pic du Midi-de-Bigorre. La rampe s'adoucissant, on domine à g. un premier petit lac, puis le *lac d'Oncet*.

Parvenu à l'hôtellerie *Plantade* (1 h. — tous les articles de consommation sont tarifés), construite sur une sorte de col, au lieu dit la *hourque des Cinq-Cours*, on abandonne généralement sa monture pour gravir à pied le pic.

Le sentier du pic commence derrière la maison et laisse à dr. le sentier qui descend vers Bagnères-de-Bigorre. Après de nombreux zigzags, assez pénibles mais nullement difficiles, on atteint la cime du pic du Midi-de-Bigorre (Alt. : 2.877 m. — 1 h. 15') d'où on jouit d'une des plus belles vues des Pyrénées.

Quelques m. en contre-bas de la cime se trouve l'*Observatoire météorologique*, créé en 1873 par la société Ramond et acheté, en 1882, par l'État. Sa visite est des plus intéressantes (gratification facultative).

Nota. — Un funiculaire doit relier en 1905 le pic du Midi à Gripp (*V*. page 72) et de Gripp une ligne de tramway électrique desservira Bagnères-de-Bigorre.

DE BARÈGES A BAGNÈRES-DE-BIGORRE

PAR LE COL DU TOURMALET, GRIPP, SAINTE-MARIE, CAMPAN ET BAUDÉAN.

Distance : **40** kil. **500** m. Côtes : **3** h.

Nota. — La route de Barèges au col du Tourmalet, très dure, présente une côte ininterrompue longue de onze kil. Le cycliste qui voudra se ménager, fera bien de louer à Barèges une voiture particulière pour se faire conduire jusqu'au col (8 à 12 fr. suivant la saison). Partir de bon matin afin d'éviter la chaleur pendant cette rude montée et d'arriver pour déjeuner à Gripp. Du col du Tourmalet à Gripp, descente assez rapide; plusieurs tournants brusques. Entre Gripp et Sainte-Marie, pente modérée. De Sainte-Marie à Bagnères-de-Bigorre, la descente devient peu à peu insensible.

Prochainement une ligne de tramway électrique doit relier Gripp à Bagnères-de-Bigorre.

En quittant l'hôt. de *France-et-de-l'Europe*, la rue de Barèges, à dr., passe entre l'établissement thermal et l'hôpital militaire et la montée, pénible, ne cesse plus pendant onze kil. jusqu'au col du Tourmalet (3 h.).

A la sortie de Barèges, le paysage change totalement d'aspect. La vallée, entourée de hautes montagnes dénudées, devient très aride.

Au hameau de Pourtazous-Devant (**1**), on traverse le torrent du *Glaire*; puis on laisse à g., sur le *Bastan*, un premier pont avec parapets en bois, et, un peu plus loin, du même côté, un second pont, sans parapets. Ce dernier est le *pont de Tournabout* (**1.6**), situé vis-à-vis la *borne 25,5*, que doivent traverser les touristes qui font l'ascension du pic du Midi-de-Bigorre (*V.* page 68).

Dépassé le pont de Tournabout, la r. décrit un profond circuit dans la solitaire vallée d'Escoubous, limitée à dr. par la montagne de la *Piquette*. On traverse le torrent au *pont de la Gaubie* (**1.5**) et, après avoir contourné la montagne de *Pountou*, on rentre dans la

vallée du Bastan. Sur le versant opposé, parallèlement
à la r., on distingue le sentier qui conduit au *pic du
Midi*. Ce dernier sommet s'aperçoit, à g., à hauteur de
la *borne 21.5*; tandis qu'à dr. se dressent les cimes
étrangement découpées de la *Campana* (clocher) et de
l'*Espada* (épée).

Après une cantine isolée, à dr. (**4**), on passe en vue
des *cabanes de Toue*, situées à g. (**1**), sur le ch. du pic
du Midi. La r. décrit un grand lacet, une autre courbe,
puis atteint le **col du Tourmalet** (**1.9** — Alt. :
2. 122 m.).

La descente s'effectue par de nombreux et rapides
circuits, au milieu de la région désolée où prend naissance le ruisseau du Tourmalet qui, plus tard, formera
l'*Adour* ; à dr., immense chaos de roches éboulées du
Som de Part-Rieil. Plus loin, dépassé les premières
cabanes de bergers (**4.1**), on franchit le torrent, puis,
sortant d'une partie étranglée de la montagne, on laisse
à dr. un abri refuge (**1.6**).

La r., très élevée, domine la vallée de Gripp dans
presque toute sa longueur et, à g., le hameau de Tra-
mazaygues, sur un petit plateau à l'entrée du *vallon
d'Arizes*.

Pour gagner la différence de niveau, la r. s'enfonce
à dr. dans le vallon plus boisé du *Garet*, puis revient
traverser le torrent du *Tourmalet* formant cascade devant le pont (**3.5**). Quelques m. plus loin, on franchit
le torrent d'Arizes, donnant lieu à une seconde belle
cascade.

Nota — Pour bien voir la cascade du torrent d'Arizes, accoler
sa machine contre le parapet du pont, ensuite gravir à g. la pente
gazonnée, assez raide, qui masque la vue de la chute d'eau (5').
Faire attention de ne pas glisser.

Laissant à g. le sentier qui conduit au pic du Midi,
par le vallon d'Arizes, ensuite le *dépôt de l'Observatoire* (**0.4**), on atteint la *borne 7* (**0.4**).

Nota. — Ici, un sentier, à dr., descend (3') au hameau d'Artigues (**0.2**) où on pourra laisser sa machine en garde, à l'une
des deux hôtelleries des *Pyrénées* ou des *Cascades*, pour aller visiter la **cascade du Garet** (15' aller et retour).

Itinéraire : passant devant l'hôt. des *Cascades*, on ira traverser, sur un petit pont, le torrent du Tourmalet, puis, un peu plus loin, un ruisselet. De là, se diriger vers un bouquet de sapins qu'on aperçoit à dr., au delà d'une amorce de sentier. Ce dernier descend bientôt dans le ravin ombragé où tombe la belle cascade du Garet.

De retour aux hôtelleries, on regagne ensuite (**0.5**) la r. de Gripp par un bon ch. de voiture.

La r. descend en pente modérée la vallée de l'*Adour de Gripp* où la verdure, les champs et les arbres reparaissent au milieu d'une curieuse multiplicité de fermes et de granges isolées. Un noyau plus compact d'habitations forme le centre de Gripp (**2.1** — Bonne aub. à l'hôt. des *Voyageurs*).

La vallée, toujours peuplée de maisonnettes, conserve le même aspect jusqu'à Sainte-Marie ; montée de trois cents m. suivie d'une descente rapide de deux kil. vers ce village.

Dans **Sainte-Marie**, à l'angle de l'église, on rejoint (**4.5** — Café-rest. des *Voyageurs*) la vallée de l'*Adour de Séoube*, ainsi que la r. de Bagnères-de-Bigorre à Arreau. Laissant à dr. la direction d'Arreau, aussi celle de Bagnères-de-Luchon (*V.* page 84), tourner à g.

La r. descend rapidement pendant un kil., ensuite modérément, la célèbre **vallée de Campan** arrosée par l'*Adour*. Elle est ici resserrée entre deux versants de montagnes qui contrastent singulièrement ; autant celui de dr. est aride et rocheux, autant celui de g. présente une luxuriante culture, parsemée de belles prairies. De nombreux hameaux se succèdent sans interruption et animent la région ; à g., chapelle Saint-Roch (**4**). A l'horizon, devant soi, se dresse la cime du *Monné*.

On passe à Campan (**1.8** — Ch.-l. de c. — 2.872 hab). où la r., dans le voisinage de l'église (riches boiseries et cloître), infléchit brusquement à g., en laissant à dr. une fontaine, surmontée d'une petite pyramide, et des halles couvertes du XVIe s.

La pente devient de plus en plus insensible au fur et à mesure qu'on se rapproche de la plaine. Au pont, sur un des affluents de l'Adour, à l'entrée de la *vallée de*

Lesponne, se détache à g. (**1.2**) le ch. du Pont-de-Hourc (10 2) et du *Lac Bleu*, une des excursions renommées de Bagnères-de-Bigorre (*V.* page 76).

Dans le village de Baudéan (**0.4**), qui suit, remarquer à dr. la maison où naquit le célèbre chirurgien *baron Larrey*. et, à g., le curieux clocher de l'église.

Les montagnes, s'écartant peu à peu, s'abaissent pour faire place à de verdoyantes collines, bien cultivées ; on côtoie l'Adour, cette rivière traversée par le pont (**3.1**) de Gerde, village situé sur la rive opposée, à un kil. de distance.

Bientôt la r., transformée en avenue, longe un étroit canal latéral et aboutit à l'entrée de Bagnères-de-Bigorre (Ch.-l. d'arr. — 8.638 hab. — charmante ville de séjour, renommée pour ses eaux thermales principalement affectées au traitement des maladies des voies respiratoires et à celui des rhumatismes, des névroses, de l'anémie et de certaines maladies de la peau), vis-à-vis une petite promenade ombragée de platanes. Ici, ne pas traverser le canal, mais suivre à g. la r. bordée du télégraphe. Cette r., sous le nom de rue *Emilien Frossart*, conduit à une seconde petite promenade, plantée d'arbres, appelée les *allées Tournefort*. Dépassant celles-ci à dr., on atteint la place des *Pyrénées* et, presque aussitôt, la belle *promenade des Coustous* qu'abritent de magnifiques tilleuls. A l'extrémité des Coustous, traverser la place *Lafayette* (**1.4**), en biaisant à g., pour s'engager dans la rue de *Tarbes* conduisant à l'excellent hôt., très recommandé, de *Londres-et-d'Angleterre*, situé au n° 30 (**0.2** — Café *Riche*, promenade des *Coustous*, consommations de 1er choix).

Visite de la ville de Bagnères-de-Bigorre (environ 2 h. 1/2). — Place Lafayette. — L'église Saint-Vincent. — La promenade des Coustous. — Place des Pyrénées. — Rue de la Fontaine (à dr.). — Place de Strasbourg. — Rue du Théâtre (à g.). — Place Ramond. — Les halles. — Le théâtre (dans une ancienne église). — Place des Thermes. — Les thermes (Muséum, Musée et Bibliothèque, ouverts tous les jours, dimanches et fêtes exceptés). — Rue de l'Hospice (à g.). — Avenue du Salut (à dr.). — Chemin de Pouey (à g.). — Allées de Maintenon (à g.). — Place Saint-Martin. — Rue Emilien Frossard (à dr.). — Quai de l'Adour

(à g. — à dr., Vélodrôme). — Rue du Pont de l'Adour (à g.). —
Rue Caubous (à dr.). — Place et square des Vigneaux. —
La marbrerie Géruzet. — La gare. — Avenue de la Gare. —
Avenue de la Fontaine ferrugineuse. — L'église des Carmes. —
Rue Gambetta (à g.). — Boulevard Carnot (à dr.). — Rue du
Pont d'Arras à dr.). — Les Néo-Thermes (grande piscine). — Le
Casino. — Place des Thermes. — Rue Frascati (à g.). — Place
d'Uzer. — Rue de l'Horloge. — La tour octogonale des Jacobins.
— Rue du Centre (à g.). — Place Lafayette.

**Excursions recommandées au départ de Bagnères-
de-Bigorre.** — Les promenades et excursions à faire aux environs de Bagnères-de-Bigorre sont nombreuses et variées. Parmi
les principales nous indiquerons :

La promenade circulaire permettant de visiter successivement le
vallon de la **fontaine des Fées**, le **mont-Bédat** et ses
grottes, les pentes du **Monné** et les **bains de Salut** (à pied,
3 h. 1/2 environ, aller et retour). On peut couper l'excursion en
allant déjeuner au restaurant de la Fontaine des Fées.

Itinéraire : Partant de la place des *Thermes,* on montera les
allées ombragées de la promenade située entre les *Thermes* et
l'*Hospice*. Dans le haut de la promenade, appuyant vers la droite,
on passera derrière les *Thermes et la villa de Bellevue* en suivant l'allée indiquée par des marques rouges (deux traits parallèles)
tracées sur les arbres. Parvenu à un rond-point, garni de deux
bancs, laissant deux allées, à dr., dont l'une, celle du milieu,
conduit (25') à la *Fontaine Ferrugineuse*, on continuera par l'allée
de gauche. Celle-ci mène à une maisonnette en ruine (fontaine ferrugineuse abandonnée) devant laquelle on tournera à g. L'allée
décrivant trois lacets offre plus loin, à une éclaircie des arbres, une
magnifique vue sur Bagnères et la vallée de l'Adour jusqu'à la
plaine de Tarbes. Au troisième tournant, l'allée infléchit à dr. et
passe devant le café-restaurant de la *Fontaine des Fées* (1 h. de
Bagnères — repas à prix fixe) où on pourra s'arrêter pour déjeuner
ou se rafraîchir.

Au delà du café-restaurant, on contourne le vallon romantique
de la Fontaine des Fées, celle-ci une source, en contre-bas du ch.,
dans une vasque naturelle, qu'ombragent de beaux arbres et entourée
de jolis sentiers munis de bancs.

L'allée se transforme en un sentier plus dur, rocailleux, mais
toujours bien abrité. On passe près d'un bouquet de sapins, puis
on monte rapidement, à g., sous un berceau de verdure, pour
atteindre le sommet du *Mont-Bédat* (20' — Alt. : 881 m.) signalé
par une statue en bronze de la Vierge. Beau panorama s'étendant

depuis la vallée de Campan et le Monné, à dr., jusqu'à la plaine de Tarbes, à g.

Du Mont-Bédat revenir sur ses pas et, ayant descendu le sentier par lequel on est venu, on le quittera (8') près du bouquet de sapins, pour prendre à dr. un autre sentier gazonné, plus large, et presque horizontal. Laissant à g. le vallon de la Fontaine des Fées, on contourne à dr., à mi-côte, le Mont-Bédat.

Plus loin on rencontre (13'), près de débris, l'entrée de la première grotte du Bédat. Celle-ci est précédée d'une barrière en bois avec une petite porte, toujours ouverte. Nous n'engagerons pas le touriste à pénétrer trop avant dans cette grotte, qui communique avec une seconde caverne.

Vis-à-vis la première grotte, mais à g. et en contre-bas du ch., il existe une troisième ouverture souterraine conduisant dans une galerie très profonde, d'accès difficile, à l'extrémité de laquelle on trouve un lac et un gouffre inexplorés. Il serait imprudent de s'engager dans ces grottes.

Continuant le ch., on arrive presque aussitôt à une bifurcation. Le sentier montant de dr. conduit (4') à l'entrée de la seconde grotte, puis au sommet du Bédat. Poursuivant à g. on laisse un ch. descendant vers Bagnères.

Plus bas, près d'une maison isolée, le ch. infléchit à dr. De ce point, on peut apercevoir à g., de l'autre côté du vallon, sur le flanc aride du Monné, la ligne d'arbres espacés, le long de laquelle on passera pour descendre ensuite par des zigzags, qui semblent aboutir à une carrière, dans le creux boisé où se cachent les bains de Salut.

Le ch. monte rapidement et laisse à g. deux autres voies qu'on négligera. Au sommet de la côte seulement (20'), tourner à g. et, à l'embranchement suivant, continuer à g. en négligeant alors tous les ch. de dr. On gravit une pente très raide entre des châtaigniers.

Dans le haut, on rejoint les petits lacets du sentier qui passe entre deux haies touffues, et bientôt on aperçoit, devant soi, une grande cime rocheuse dépendante du Monné et, plus près, un arbre isolé.

Ici, longer à g. le mur de pierres qui borde un champ; on découvre de nouveau Bagnères au pied du Mont-Bédat. Le ch., d'abord pierreux, tracé en corniche sur le flanc du Monné, devient ensuite gazonné. A peu près horizontal, il s'abrite entre deux rangées d'arbres. Un peu plus loin, le sol se hérisse encore de rocailles.

Parvenu vis-à-vis la carrière (35'), qu'on domine, et au troisième avant dernier arbre en bordure, on devra quitter le ch. et descendre à g. les pénibles zigzags d'un sentier mal tracé qui conduit (25') aux bains de Salut.

L'établissement de Salut est situé au fond d'un petit vallon ombragé, devant une étroite prairie.

Des bains de Salut, une magnifique avenue de tilleuls, garnie de bancs, ramène à Bagnères-de-Bigorre (25').

Les ardoisières et la fontaine sulfureuse de Labassère (20 kil. 600 m., aller et retour). — Par Pouzac (2.8), la vallée de l'Ossouet, Les Soulagnets (10.5) et la fontaine de Labassère (2).

De Bagnères-de-Bigorre à Pouzac, descente insensible. Depuis Pouzac, montée presque continuelle. La partie du ch., comprise entre Les Soulagnets et la fontaine de Labassère, doit être faite à pied.

La vallée de Lesponne et le lac Bleu (32 kil., plus 4 h. de marche, aller et retour). — Par Baudéan (4.7), La Vialette (3.4), Lesponne (0.8) et les cabanes de Chiroulet (7.1 — modeste cantine).

Cette r. remonte en rampe douce la vallée de Campan jusqu'au delà de Baudéan. Quatre cents m. après Baudéan, on quitte la vallée de Campan pour s'engager à dr. dans la jolie vallée de Lesponne. Montée continuelle, faisable au début, puis s'accentuant. Descente rapide à Lesponne. Une autre descente, plus modérée, précède l'arrivée aux cabanes de Chiroulet. Ici s'arrête la r. carrossable, près du pont-de-Hourc.

Des cabanes de Chiroulet au lac Bleu (49 hect. de superficie et 115 m. de profondeur — Alt. : 1.968 m.), le trajet doit se faire à pied par un sentier facile à suivre (4 h. de marche environ, aller et retour).

Les bains de Capvern (42 kil., aller et retour). — Par Manse (3), La Canine (3), Bosse-du-Hailla (2.5), L'Escaldieu (6), Mauvezin (3), Les Bains (4) et Capvern-les-Bains (1 — Hôt. *Beauséjour*).

Cette r., entrecoupée de nombreuses côtes, traverse l'Adour à Bagnères-de-Bigorre et gravit une première longue montée à la sortie de la ville. On quitte la r. de Toulouse au hameau de la Bosse-du-Hailla pour prendre à dr. la direction de l'Escaldieu, où subsistent des vestiges d'une célèbre abbaye, située au confluent du Luz et de l'Arros. Ruines importantes du château de Mauvezin. Région très accidentée jusqu'à Capvern-les-Bains (traitement des maladies des voies urinaires et du foie).

Les cascades de Gripp et l'ascension du pic du Midi-de-Bigorre (30 kil. 600 m., plus 9 h. de marche, aller et retour). — Par Baudéan (4.7), Campan (1.7), Sainte-Marie (5.8), Gripp (4.5), Artigues (2.6 — Hôtellerie des *Pyrénées* ; des *Cascades*), dépôt de l'Observatoire (0.6), Hôtellerie *Plantade* (4 h.), cime du pic du Midi-de-Bigorre (1 h. 1/4).

Cette r., qui monte constamment, présente une rampe peu sensible jusqu'à Campan, plus accentuée de Campan à Sainte-Marie. Entre Sainte-Marie et Gripp, côte dure de deux kil., puis continuation de la montée, plus ou moins douce, jusqu'au hameau d'Artigues (*V.*, page 71, l'itinéraire de *Barèges à Bagnères-de-Bigorre*, en sens inverse).

Au hameau d'Artigues on visite la cascade du Garet ou de Gripp; puis, des hôtelleries, on gagne, à six cents m. de là, le bon sentier commençant à la r. de Barèges, à côté du dépôt de l'Observatoire, et qui conduit, en cinq heures environ, au pic du Midi par le vallon d'Arizes et le petit col de la hourque des Cinq-Cours (Hôtellerie *Plantade*, *V.* page 69).

En attendant la prochaine construction de la ligne du tramway électrique, qui doit relier Bagnères-de-Bigorre à Gripp, et le funiculaire qui conduira directement de Gripp au pic du Midi, le moyen le plus pratique pour accomplir cette ascension au départ de Bagnères, consiste à se faire conduire en voiture (10 à 12 fr., prix à débattre), jusqu'aux hôtelleries d'Artigues. Après avoir déjeuné et visité la cascade du Garet, on louera un âne à l'une des hôtelleries (ou amené de Bagnères par les voituriers, 10 fr.) et, soit seul, soit accompagné d'un guide (inutile), on montera (4 h.) à l'hôtellerie *Plantade*, où on pourra dîner et coucher très convenablement. Le lendemain matin on gravit à pied (1 h. 1/4) la cime du pic du Midi-de-Bigorre. Le retour de l'hôtellerie Plantade à Artigues, à âne, et d'Artigues à Bagnères-de-Bigorre, en voiture, est compris dans les prix de location de l'âne et de la voiture, quoique le retour s'effectue le lendemain.

Nota. — Les cyclistes qui auraient l'intention de se rendre de Bagnères-de-Bigorre à Bagnères-de-Luchon, par le col d'Aspin, Arreau et le col de Peyresourde (*V.* pages 84 et 87), après avoir fait l'ascension du pic du Midi, n'ont pas besoin de revenir à Bagnères-de-Bigorre. Ils emporteront leurs machines avec eux et, d'Artigues descendant à Sainte-Marie, ils prendront dans cette dernière localité la r. d'Arreau, à dr., pour aller coucher soit à Payole, soit à Arreau (*V.* page 84).

L'ascension du **Monné** (Alt. : 1.258 m.; 5 h. à pied, aller et retour), facile, peut se faire à cheval (10 fr.) ou à âne ; guide, 5 fr.

Pour mémoire. — de **Bagnères-de-Bigorre** à **Tarbes**, par Pouzac (**2**), Trébons (**2**), Montgaillard (**2**), Hiis (**1.5**), Saint-Martin (**2**), Momères (**2**), Horgues (**1**), Laloubère (**2.5**) et Tarbes (**2.5** — *V.* page 44).

Cette r., qui descend insensiblement la vallée de l'Adour jusqu'à Momères, s'aplanit complètement dans la plaine de Tarbes.

DE PAU A LOURDES

Par Bizanos, Aressy, Meilhon, Assat, Bordes, Bezing, Boeilh, Beaudreix, Mirepeix, Coarraze, Igon, Lestelle, Notre-Dame-de-Betharram, Saint-Pé-de-Bigorre, Peyrouse et Lourdes.

Distance : **40** kil. **200** m. *Côtes :* **43** min.

Nota. — Excellente route, à peu près plate jusqu'au pont de Coarraze; ondulée entre Coarraze et Saint-Pé-de-Bigorre, puis accidentée jusqu'à Lourdes. S'arranger pour déjeuner soit à Notre-Dame-de-Bétharram, soit à Lourdes, afin de pouvoir disposer de l'après-midi pour visiter Lourdes.

De Pau à Coarraze, une autre r., très jolie, suit la rive g. du gave de Pau; mais, tracée au pied de collines, elle n'offre pas la vue de la chaîne des Pyrénées. On prend cette r. à l'octroi de Pau, (1.9), sur la r. de Gan (*V.* page 43), pour passer successivement à Gélos (1), Mazères-Lezons (2), Uzos (1), Rontignon (1.5), Narcastet (1.5), Baliros (2.5), Pardiès (2), Saint-Abit (1), Arros (1), Bourdettes (1), Nay (2.6 — Ch.-l. d. c. — 3.536 hab. — Hôt. de *France*) et Coarraze (2.5).

Sortant de l'hôt. *Central*, traverser vis-à-vis la place de la *Halle*, en longeant à g. le bâtiment des halles par la rue *Gachet*. A l'extrémité de cette rue, suivre à g. la rue du *Lycée*. Celle-ci, plus bas, prenant le nom d'avenue de *Barèges*, côtoie le remblai du *parc Beaumont*, au-dessous de la terrasse du *Casino*. Parvenu au pont de fer, sur lequel passe le boulevard des Pyrénées, on laissera deux r. à dr. : celle de la gare et celle de raccourci de Bizanos (descente très rapide), et on continuera à g., au bas du remblai du parc Beaumont, par la nouvelle r. à pente modérée. Cette r., bordée de parapets, décrit une courbe au-dessus des prairies arrosées par le ruisseau de l'*Ousse* et traverse le long village de Bizanos (**1.4**); un raidillon (1').

On remonte en pente insensible la large et fertile vallée du gave de *Pau* que des coteaux limitent à g.; tandis que les collines de dr., verdoyantes et boisées, sont dominées, à l'horizon, par la chaîne assez éloignée des Pyrénées.

Près de l'église isolée d'Aressy (**2**), on franchit le ruisseau du *Lagoin* et, un peu plus loin (**1**), le passage à niveau de la *ligne de Pau à Tarbes*. La r., excellente, parcourt une vaste plaine, peuplée de nombreux villages.

Successivement on dépasse Meilhon (**1**), Assat (**1.7**), Bórdes (**2.2**), Bezing (**1.4**), Boeilh (**0.6**), Beaudreix (**2**) et Mirepeix (**2**), où se détache à dr. le ch. de Nay (**1.5**).

Sept cents m. plus loin, on croise la r. de Nay (**1.5** — Ch.-l. d. c. — 3.536 hab. — Hôt. de *France*) à Pontacq (12); ensuite on laisse, à g., la station de Nay (**1**). Traversant de nouveau la ligne, bientôt on arrive à l'entrée de Coarraze (**1.1**) où vient rejoindre une troisième r. venant de Nay (**2.5**).

Dans Coarraze, remarquer l'ancienne église et, à l'extrémité de la localité, à g., la porte d'entrée du parc entourant un château moderne. Ce château a été bâti sur les ruines de celui où fut élevé *Henri IV* et dont il ne subsiste qu'une tour tapissée de lierre. On ne laisse pas visiter le château, mais le cycliste en aura une jolie vue d'ensemble après avoir traversé le gave (**0.9**).

Dépassé Igon (**0.5**), la contrée se modifie; on se rapproche des montagnes; à dr., belle entrée de la vallée du *Lauzom* vers laquelle se dirige le ch. (**1.2**) de Louvie-Juzon (25) et des Eaux-Bonnes (41).

La r. descend légèrement, puis monte (3') au village de Lestelle (**2.7**). Cinq cents m. plus loin, on atteint Bétharram (**0.5** — Hôt. de *France*).

Nota. — Bétharram est célèbre par son église, but de pèlerinage très suivi. A côté, se trouve un séminaire. Visiter l'église, le calvaire et la fontaine vénérée, celle-ci voisine du gave.

A Bétharram, on franchit le gave sur un pont pittoresque d'une seule arche, couverte de lierre; une côte (5'). De l'autre côté du pont, laissant devant soi le ch. de la station, on tournera à dr. La r. entre (2) dans le département des Hautes-Pyrénées et le paysage change complètement d'aspect. A la plaine monotone, succède un ravissant vallon, où la r. et le torrent se frayent un passage au pied des hauteurs boisées de Mourle, à g., et des contreforts, à dr., des pics de *Mououla*, de *Moule* et de *Montégut*.

Après un passage à niveau, la r., s'élevant (Côtes : 3' et 3'), domine une jolie boucle du gave, puis atteint le vieux bourg de Saint-Pé-de-Bigorre (2.5 — Ch.-l. de c. — 2.128 hab.) construit sur une terrasse.

Parvenu à la place, entourée de maisons avec arcades, on tourne à dr. La r. descend un moment; ensuite s'accidentant, au delà d'un raidillon (1'), infléchit à g. pour descendre rapidement en vue du village de Rieulhes, situé sur l'autre rive. On remonte (4') pour dominer de nouveau le gave, coulant dans un ravin, au bas d'une montagne recouverte de forêts; puis on descend rapidement à Peyrouse (2.6), où se détache à g. le ch. de Mourle (3.2).

Nota. — Si on désire visiter le *lac de Lourdes*, on doit prendre le ch. de Mourle. A deux kil. et demi de Peyrouse, on le quitte pour suivre à dr. le ch. qui conduit au hameau de Bouchède (4), et qui côtoie, un peu plus loin, le **lac de Lourdes** (long de 1.800 m., large de 400 m. — très poissonneux). On rejoint (2) ensuite la r. de Poueyferré à Lourdes (2.5) passant par le hameau du Quartier-de-Nemours.

Après Peyrouse, longue rampe d'un kil. (7') suivie d'une côte très dure de trois cents m. (4'). Au faite de cette dernière côte, à dix-huit cents m. environ de Peyrouse, un sentier montant en biais, à travers les genêts, se détache à g. de la r. Il mène au lac de Lourdes (*V*. ci-dessus) dont on n'est éloigné à cet endroit que de huit cents m.; mais ce ch. n'est pas cyclable.

La r. franchit un dernier passage à niveau (2.5) et continue parallèlement au remblai de la ligne et au gave.

De nombreux couvents signalent l'approche de Lourdes. Après une assez longue montée (2' et 6'), on aperçoit la basilique et la grotte, le curieux château-fort et la ville de Lourdes qui forment dans leur ensemble un tableau très pittoresque.

A l'entrée de la ville (● — 6.976 hab.), laissant à g. un passage à niveau par où vient rejoindre la r. de Poueyferré (direction du lac de Lourdes, *V.* page 80), on aura soin de toujours continuer à g., en négligeant la rue descendante à dr. Six cents m. plus loin, on atteint (●.7) la r. de Tarbes à Lourdes, passant à g. sous le pont du ch. de fer. Ici, laisser à dr. le boulevard de la *Grotte*, et prendre, immédiatement à côté, la rue qui descend vers la ville. On traverse un vallon et on pénètre en ville par la rue *Saint-Pierre* (Côte : 4') conduisant place du *Marcadal* où se trouve situé à dr. l'hôt. de *Paris* (●.6).

Nota. — Pour la visite de la ville de Lourdes, *V.* page 53.

DE LOURDES A BAGNÈRES-DE-BIGORRE

PAR ARCIZAC, ESCOUBÉZ, LOUCRUP, TRÉBONS ET POUZAC.

Distance : **20** kil. **800** m. *Côtes :* **48** min.

Nota. — Bonne route en partie ondulée. Côte de deux kil. sept cents m., suivie d'une descente de deux kil. dans la traversée du petit col de Loucrup. Montée douce de la vallée de l'Adour.

Prochainement une ligne de tramway électrique reliera Lourdes à Bagnères-de-Bigorre.

Descendant à g. la place du *Marcadal*, on prendra la première rue à dr., la rue de *Bagnères*. Plus loin, on traverse (**0.8**) le passage à niveau de la *ligne de Pierrefitte-Nestalas*; puis, la r., gravissant un raidillon (2'), contourne la montagne du *Grand Ger*. On parcourt une agréable vallée-plaine pour gagner Arcizac (**4**).

Après une légère descente, coupée par un raidillon (1'), on franchit, dans une partie rétrécie du vallon, le ruisseau du *Magnas*; ensuite la r., continuant à onduler, passe à Escoubez (**7.2**).

Plus loin, laissant à g. (**1.5**) le ch. d'Orincles (1.5), on traverse l'*Echez*. De l'autre côté de ce ruisseau, commence une côte longue de deux kil. (35'). La r. s'élève au-dessus d'une jolie région vallonnée ; à dr., à l'horizon, se dresse la pyramide du pic du *Midi-de-Bigorre*.

Au village de Loucrup (**7.2**), descente de six cents m. suivie d'une nouvelle côte dure de sept cents m. (10') pour atteindre, parmi des champs bien cultivés, le sommet du petit col (**1.2** — Alt. : 600 m.) qui sépare le bassin de l'Echez du bassin de l'Adour; très belle vue sur la chaîne des Pyrénées et le pic du Midi.

Du col, agréable descente, dans un joli vallon, en laissant à g. (**2**) un ch. qui mène à Montgaillard (0.6), village dont on aperçoit de loin l'église très élevée.

Le ch. de Lourdes aboutit (**0.5**) à la r. de Tarbes (15.3), vis-à-vis le *gouffre de la Salière* (profonde mare à l'eau verte, entourée d'arbres); tourner à dr. dans la direction de Bagnères-de-Bigorre.

La r. remonte en rampe douce la vallée de l'*Adour*, ici assez large, mais qui bientôt se rétrécira à l'entrée des belles montagnes vers lesquelles on se dirige. On traverse les villages de Trébons (**1.4**) et de Pouzac (**2.5**); ce dernier à l'intersection du ch. du Pont-Neuf (18.3) à Ordizan (2.8).

L'entrée dans Bagnères-de-Bigorre s'effectue par la rue de *Tarbes* en laissant à g. la gare. Un peu plus loin, s'arrêter, à g., au n° 30 où se trouve situé l'excellent hôt. de *Londres-et-d'Angleterre* (**2.2**).

Nota. — Pour la visite de la ville de Bagnères-de-Bigorre, *V*. page 73.

DE BAGNÈRES-DE-BIGORRE A ARREAU

Par Baudéan, Campan, Sainte-Marie, La Séoube,
Payole, Espiadet et le col d'Aspin.

Distance : **37** kil. **800** m. *Côtes :* **9** h. **54** min.

Nota. — Route assez fatigante, montant constamment. De Bagnères-de-Bigorre à Sainte-Marie, la rampe, s'accentuant par place, présente six petites côtes et une montée très dure d'un kil. précédant Sainte-Marie. Entre Sainte-Marie et le hameau de Payole, le trajet est encore plus pénible. D'Espiadet au col d'Aspin, cinq kil. consécutifs de côte. Du col d'Aspin à Arreau, douze kil. de descente.

Les voituriers de Bagnères-de-Bigorre demandent, suivant la saison, de 15 à 20 fr. (prix à débattre) pour mener au sommet du col d'Aspin. Nous conseillerons au cycliste qui voudra se ménager, de prendre plutôt une voiture à l'étape suivante, pour se faire conduire d'Arreau au col de Peyresourde (*V.* page 87).

De Bagnères-de-Bigorre à Sainte-Marie (**12.2** — Côtes : 4', en arrivant à Baudéan ; 3', après le pont du ruisseau de Lesponne ; série de raidillons 2' 3' 3' 3', aux hameaux de la chapelle Saint-Roch ; montée d'un kil. 15' précédant Sainte-Marie), *V.*, page 70, l'itinéraire de *Barèges à Bagnères-de-Bigorre*, en sens inverse.

Parvenu à l'angle de l'église de Sainte-Marie, laissant à dr. la r. de Barèges par le col du Tourmalet, on continuera devant soi par la r. d'Arreau.

Celle-ci descend un moment, passe devant des scieries et franchit l'*Adour de Gripp*. De l'autre côté du pont, la rampe reprend très dure (7', 5' et 1') en contournant un mameion verdoyant (vue pittoresque de Sainte-Marie). On pénètre dans l'étroite vallée de l'Adour de *Séoube*. De nombreuses habitations et granges s'échelonnent sur les riantes prairies qui couvrent les flancs escarpés du vallon.

Après avoir rejoint le niveau du torrent, on remonte trois côtes (3', 7' et 3') pour atteindre le village de La Séoube (**3.5**).

La r. ne cesse de s'élever (Côte : 5') et, décrivant plusieurs sinuosités, traverse un ravin (Côte : 20'), dominé à g. par les bois de *Houeillassat*. On descend ensuite légèrement pour franchir le torrent à l'entrée du petit bassin sauvage, mais intéressant, de Payole (**3.1** — Hôt. de la *Poste*, bonne aub.), hameau dont les maisonnettes se cachent d'une façon originale dans des creux de terrain.

Plus loin, la r. infléchit à g. et passe devant le hameau d'Espiadet (**1.9**), signalé par une belle croix en marbre rouge, sur piédestal en marbre blanc, dans le voisinage de la grande carrière de marbre, dite de Campan, qui a fourni de nombreux et importants motifs de décoration au Grand Trianon, au Palais royal de Berlin et à l'Opéra de Paris.

Ici commence la dure montée du col d'Aspin, longue de cinq kil. (1 h. 1/2), tracée en lacets, à travers la magnifique sapinière de Coumelade. Des éclaircies permettent de plonger à dr. dans la vallée de Payole, remarquable par sa végétation extraordinaire de chardons monstres et de fougères, son bel entourage de cimes et de sapins et le souvenir qui se rattache à cette région, appelée le *Camp Bataillé*, en mémoire d'une défaite que le proconsul *Messala* infligea, dit-on, aux Bigorrais en l'an 27 avant J.-C.

La r. sort de la forêt et, pendant seize cents m., s'élève sur le flanc découvert du *Monné* ; puis elle atteint le **col d'Aspin** (**5.1** — Alt. : 1.497 m.), étroit plateau gazonné situé entre le *Monné*, sommet peu élevé, à g., et une petite cime, à dr., couverte de sapins. Vue admirable, en arrière, sur le cône du pic du Midi et, devant soi, sur la *vallée d'Aure* dominée à l'horizon par le grandiose massif neigeux de la Maladetta, d'où émergent les plus hauts pics des Pyrénées, depuis le *Nethou* jusqu'au *Posets*.

(Pour bien jouir de ce splendide panorama, gravir à dr. et à pied, derrière le poteau du Touring-Club de France, la pente inclinée qui conduit sur le monticule voisin, taillé à pic au-dessus de la vallée d'Aure).

On descend rapidement du col, mais sans pente exagérée; la vue qu'on découvre à chaque circuit est de toute beauté. Remarquer à dr. la situation pittoresque du village d'Aspin, à l'extrémité d'un vallon boisé, et le ravissant paysage au milieu duquel apparait la petite ville d'Arreau.

On traverse le ruisseau d'Aspin et, au bas de la descente, on rejoint (**12**) la r. de Lannemezan (26), à g., à Vieille-Aure (9) et Aragnouet (23).

Longeant la *Neste d'Aure*, on dépasse un premier pont qui conduit à la gare d'Arreau (0.2), à g., puis on franchit la rivière, seulement au deuxième pont, pour entrer dans Arreau (Ch.-l. d. c. — 1.077 hab.), localité admirablement située au confluent de la *Neste d'Aure*, de la *Neste de Louron* et de la *Lastie*.

De l'autre côté du pont (**0.3**), laissant à dr. la r. de Grezian (4.5) et de Bazus-Aure (6), on traversera la ville par la rue étroite qui s'ouvre devant soi. Après avoir dépassé la place de la Halle et l'église, s'arrêter à l'excellent hôt. d'*Angleterre*, situé à dr. (**0.4**).

Excursion recommandée au départ d'Arreau. — Arreau est le meilleur point de départ pour visiter la partie supérieure de la **vallée d'Aure**, une des plus jolies des Pyrénées, en passant par Cadéac (**2** — Hôt. de l'*Etablissement Pisse*; petite station thermale dont les eaux s'emploient contre les maladies de la peau et des voies respiratoires), Ancizan (**2**), Guchen (**1**), Vieille-Aure (**4** — Ch.-l. d. c. — 317 hab. — Hôt. *Menvielle*), Saint-Lary (**2** — Aub. *Campassens*), Tramesaïgues (**2** — ruines d'un ancien château), Castets (**5.5**), Fabian (**0.5**) et Aragnouet (**2**). La rampe de cette r. est très douce jusqu'à Saint-Lary.

Pour mémoire. — D'Arreau à **Lannemezan**, par Sarrancolin (**7.5**), Hèches (**6.5**), La Coumette (**6**), Cazalères (**1**) et Lannemezan (**5** — Hôt. de *France*).

Ravissante r. descendant la **vallée d'Aure**.

D'ARREAU A BAGNÈRES-DE-LUCHON

PAR BORDÈRES, LE COL DE PEYRESOURDE, GARIN, CA-
ZAUX-LARBOUST, CASTILLON-DE-LARBOUST ET SAINT-
AVENTIN.

Distance : **32** kil. **900** m. *Côtes :* **4** h. **30** min.

Nota. — Route bien entretenue. D'Arreau au col de Peyresourde, la montée très dure est continuelle, sauf trois ou quatre
kil. Une rampe de dix kil., excessivement pénible, précède le col.
Du col de Peyresourde à Bagnères-de-Luchon, descente en partie
très rapide.

Nous engageons le cycliste, qui aura fait la veille, en machine,
le trajet de Bagnères-de-Bigorre à Arreau, à se faire transporter
en voiture (8 à 10 fr.) d'Arreau au col de Peyresourde. Sur ce
parcours il n'y a pas d'endroit où on puisse déjeuner ; on devra
s'arranger pour terminer l'étape dans la matinée.

Au sortir de l'hôt. d'*Angleterre,* suivre la rue à dr.
Hors la ville, on remonte (4 h. 1/2) la rive g. de la
Neste de Louron qui arrose la belle vallée de ce nom.
Après avoir gravi une première côte d'un kil., la r.
ondule pendant un autre kil. et, laissant, plus à g., la
vallée de la *Lastie,* s'engage tout à fait dans celle de
Louron qui peu à peu se rétrécit. Après avoir dépassé
des scieries et quelques hameaux, on atteint le beau et
fertile bassin de Bordères (**4.9** — Ch.-l. de c. — 363 hab.).

Ici, la rampe, adoucie pendant trois kil. environ,
permet de rouler en longeant la Neste dont les eaux
coulent plus calmes. A l'extrémité de la vallée se
dresse le haut pic du *Midi-de-Genost,* entouré de
superbes montagnes

On laisse à dr. (**3.3**) le ch. d'Avajan (0.5), de Genost
(4.5) et de Londenvielle (6.5), gros villages qui animent
la région, et, presque aussitôt, on traverse le Louron
dans le voisinage de pittoresques moulins.

Dépassé Anéran-Camors (**1.6**), cinq cents m. de terrain plat ; puis la r. s'élève durement sur le flanc de la

montagne, bien cultivée et gracieusement parsemée d'arbres.

On domine le magnifique bassin de la vallée, ses nombreux villages et les grandes carrières d'ardoises exploitées à la base du monticule sur lequel s'élève le donjon de Genost.

Plus haut, après les auberges d'Estarvielle (**1.4**) et de Loudervielle (**1.6**), la r. décrit deux pénibles lacets en vue du village de Mont, suspendu à la montagne; ensuite, infléchissant brusquement à g., elle pénètre dans un passage dépourvu de toute végétation, tandis que la vallée de Louron disparaît en arrière. A l'extrémité du passage, on atteint le **col de Peyresourde** (**5.3** — Alt. : 1.515 m.).

De l'autre côté du col, descente très rapide de quatre lacets à tournants brusques. La mauvaise impression produite par les montagnes dénudées qui ferment de ce côté la partie supérieure de la *vallée de Larboust* ne tarde pas à se dissiper à mesure qu'on avance.

De beaux villages s'étagent sur le revers opposé de la vallée, puis la verdure et les arbres reparaissent. Sur un monticule, à dr., petite chapelle de Saint-Pierre; dans le lointain, du même côté, se profilent les glaciers de *Gours-Blancs*. On franchit un ruisseau, ensuite on dépasse successivement les pittoresques villages de Garin (**6**), de Cazaux-Castillon (**1.4**) et de Saint-Aventin (**1.1** — Eglise curieuse); forte descente.

La r. contourne un promontoire rocheux et laisse à g. (**1.3**) l'entrée de la **vallée d'Oueil**, dominée par le village de Saccourvielle niché dans la montagne. Deux lacets en pente très rapide, au milieu d'une région ravissante, agréablement ombragée, conduisent au pont sur la Neste d'Oueil. On longe le délicieux vallon formé par ce ruisseau aux fraîches cascatelles dont les eaux vont bientôt se mêler à celles de la *Neste d'One*.

Après avoir traversé deux ponts voisins, la r., bordée d'ormeaux, suit un joli défilé et monte légèrement durant quelques m. Elle fait un coude et domine, du haut du petit plateau de la *Saunère*, une ardoisière située sur l'autre rive du torrent. Dans ces parages apparait tout à coup, à l'extrémité de la vallée de Larboust, la ville de Bagnères-de-Luchon, la reine des Pyrénées, dans un cadre merveilleux de verdure, d'arbres et de prairies, au pied de majestueuses montagnes admirablement découpées.

Deux courts lacets encore très inclinés, entre des frênes et des ormeaux, mènent au *pont de Mousquères* (**3.1**), au début de l'avenue de *Larboust*, sorte de faubourg de Luchon (Alt. : 629 m. — Ch.-l. de c. — 3.528 hab.), bordé de sycomores et de sorbiers. Plus loin, dans la ville, laissant à dr. la place du *Champ-de-Mars*, avec son marché couvert, on continue par la rue de l'*Hôtel-de-Ville* conduisant à la place de l'*Église*. Devant le portail de l'église, suivre à dr. l'avenue *Carnot*, qui précède les belles allées d'*Etigny*, au centre du mouvement et des distractions de la ville.

Dans les allées d'Etigny, s'arrêter à g. au nº 19, où se trouve situé l'hôt. et le café recommandés de la *Paix* (**1.3**).

Visite de la ville de Bagnères-de-Luchon (environ 3 h.). — Allées d'Etigny. — L'établissement thermal (eaux employées avec succès pour le traitement du rhumatisme, du lymphatisme, de quelques maladies de la peau et des affections de la gorge ou catarrhales). — Le parc (statue de Maigret d'Etigny). — La buvette du Pré. — Le funiculaire de la Chaumière (1 fr. en semaine, 50 c. le dimanche, aller et retour; trajet en 4 min.). — La Chaumière. — Cours des Quinconces (concerts, le matin, à 9 h.). — Allées des Bains. — Le Casino (entrée, 1 fr. 50; Musée Lezat; concerts, le soir, à 4 h. 1/2 et à 8 h. 1/2). — Allée de la Pique (en bordure de la rivière). — Avenue Alexandre Dumas (à g.). — Rue Lamartine. — Avenue Carnot (à dr.). — Place de l'Église. — Rue de l'Hôtel-de-Ville (à g.). — Place du Marché (à g.). — Rue Thiers (à g.). — Rue Victor-Hugo (la 2ᵉ à g.) — Allées d'Etigny.

Excursions recommandées au départ de Bagnères-de-Luchon. — Bagnères-de-Luchon, délicieuse station thermale, se distingue par la variété des belles excursions qu'on peut faire aux environs.

Parmi celles faisables à bicyclette, la plus courte est le **tour du Vallon** (**13** kil. **700** m., aller et retour).

Itinéraire : Au sortir de l'hôt. de la *Paix*, suivre à g. les allées d'*Etigny* jusqu'à l'établissement thermal. Devant l'établissement, tournant à g., traverser la promenade des *Quinconces*, puis prendre de suite à dr. la rue du *Cours des Quinconces*. Trois cents m. plus loin, s'engager à g. sur l'avenue du *Portillon*, bordée d'habitations, qui conduit à Saint-Mamet après avoir franchi la *Pique*.

Dans Saint-Mamet (**1.5**), tourner à g. et suivre la r. de Montauban. Vis-à-vis ce village, précédé d'un raidillon, se détache à g. (**1**) une avenue qui ramène à Luchon (**1.3**). Pour visiter les *cascades de Montauban* (1 h.), on devra laisser sa machine en garde au débit voisin et monter le ch. à dr. Il passe devant le cimetière et l'église de Montauban, puis continue derrière l'église, en laissant plus haut, à g., une petite place ornée d'un superbe acacia. On longe ensuite dans le village la rive dr. du ruisseau et, bientôt, on arrive en vue d'un petit viaduc à deux arches au-dessus duquel apparaît une maison bariolée de couleur. Ici se trouve l'entrée du *jardin des cascades* (50 c.), gracieuse promenade qui conduit au pied de la grande cascade.

Des cascades, revenir à la r. et continuer à dr. dans la direction de Juzet. Après avoir traversé un terrain raviné, avoisinant Bazus (**1.5**), parvenu aux auberges de Juzet (**0.5**), on pourra laisser sa machine en garde dans l'une de ces maisons et aller visiter (20') la *cascade de Juzet*. On suit la rive g. du ruisseau qu'il faut franchir, seulement dans le village, à dr., lorsqu'on sera en vue d'une colonne supportant une statue dorée de la Vierge. On longe la rive dr., en passant près d'un moulin et, au delà d'un pont rustique, on atteint une maisonnette près de laquelle s'ouvre l'entrée de la cascade (25 c.).

A Juzet, laissant encore à g. (**0.3**) un second ch. qui conduit à Luchon (**3**), on continuera à descendre la vallée pour gagner le village de Salles-et-Praviel (**2.5**) qui possède une source ferrugineuse très fréquentée.

Six cents m. plus loin, ayant rejoint (**0.6**) la r. nationale de Toulouse, on tournera à g. pour revenir vers Luchon.

La r. traverse la *Pique*, puis la voie ferrée, à la hauteur de la halte d'Antignac. Dépassé le village d'Antignac (**1.3** — belle église moderne), on voit à g. le *champ de courses* de Luchon et, après Moustajon (**1.4** — ancienne église), on remarque à dr. une cascade au bas de laquelle se trouve une antique tour à signaux.

On rentre dans Luchon par le faubourg de Barcugnas, où se trouve située la gare du ch. de fer, et l'avenue de la *Gare* conduisant à la place de l'*Église* à proximité des allées d'*Etigny* et de l'hôt. de la *Paix* (**3.1**).

Saint-Bertrand-de-Comminges et les grottes de Gargas (**34** kil. **600** m. jusqu'à Saint-Bertrand et **5** kil. **900** m. de Saint-Bertrand aux grottes. — Les cyclistes qui, ayant descendu la vallée pour se rendre à Saint-Bertrand, ne voudraient pas refaire le même ch. au retour, pourront rentrer à Luchon en chemin de

fer en prenant à la station de Loures le train de 6 h. du soir qui ramène à Luchon à 7 h.).

De Bagnères-de-Luchon à Cierp (**15.9** — Côtes : 4'), *V.*, page 99, l'itinéraire de *Bagnères-de-Luchon à Juzet d'Izaut.*

Dans Cierp, laissant à dr. la r. de Marignac et de Saint-Béat (*V.* page 100), on franchira à g. le pont sur la *Pique* pour continuer par la r. descendante de Montréjeau. Celle-ci traverse le bassin où la Pique vient se confondre avec la *Garonne* et ne tarde pas à longer ce fleuve au milieu d'une jolie gorge boisée.

On passe à Estenos (**4.4**), puis au bas de Saléchan (**1**). Un peu plus loin, se détache à g. (**1.1**) le ch. de Siradan (1.3 — Hôt. des *Bains* — Petit établissement thermal; eaux toniques, purgatives et diurétiques) et, à Bagiry (**1.2**), encore à g., le ch. de Sainte-Marie (0.6) village possédant des eaux analogues à celles de Siradan.

Après le hameau de Bertren (**3**), la r., laissant à dr. (**1.4**) le *pont de Luscan* (0.8) et le ch. de Barbazan (3.8 — Hôt. des *Thermes* — Petit établissement thermal; eaux employées contre l'anémie, le rhumatisme et certaines maladies de la peau), revient en bordure de la Garonne, dont elle n'est séparée que par la voie ferrée, ensuite débouche dans la plaine ondulée de Loures.

Négligeant à g. (**0.4**) le ch. de Saint-Bertrand-de-Comminges (**4.5**), par Izaourt (**1**), on continuera la r. nationale qui passe devant la station (**1**) puis qui traverse le village de Loures (**0.5** — Hôt. *Verdier*).

Après une côte de cinq cents m. (5'), on laisse à g. (**1.2**) un ch. venant de Mauléon-Barousse et bientôt on arrive en vue du *pont de Labroquère* (**0.5**), au-dessus de la Garonne.

Ici, abandonnant la r. nationale de Montréjeau (6.1 — Hôt. du *Parc*), ne pas traverser le pont, mais suivre à g. le ch. de Saint-Bertrand-de-Comminges. Il s'élève (2') sur la rive g. du fleuve et, ayant dépassé un débris de mur antique, à g., mène au village de Valcabrère (**0.9** — nombreux vestiges d'architecture romaine).

A l'entrée de ce village, quittant la r. de Saint-Bertrand (1.7), on prendra à g., en passant derrière la nouvelle chapelle, un ch. qui traverse les champs et conduit à la curieuse petite église-carlovingienne de Saint-Just (**0.5**), jadis située au centre d'une localité importante, aujourd'hui disparue.

Après avoir visité l'église de Saint-Just, à la sortie du cimetière et à la croix, on suivra à g. le ch. raboteux, entre deux haies, qui va rejoindre (**0.6**) la r. d'Izaourt. Tournant à dr. sur cette r., bientôt on atteint (**0.4**) celle de Valcabrère (0.9) à Saint-Bertrand, vis-à-vis l'entrée du ch. d'Aventignan (7.7 — direction des grottes de Gargas indiquées par erreur à 3 kil., *V.* page 92).

Tournant à g., on gravit la forte rampe (10') qui, plus haut, longe la base des remparts de l'ancienne cité de Saint-Bertrand-de-

Comminges dont la cathédrale, bâtie sur un rocher, domine toute la plaine.

On pénètre en ville par une porte, située vis-à-vis une logette-belvédère, donnant accès dans une rue étroite, bordée de maisons armoriées. Un peu plus loin, une deuxième rue à g. passe sous un arceau et conduit, près d'une petite fontaine à deux vasques, à la plate-forme qui précède les degrés de la cathédrale de Saint-Bertrand-de-Comminges (**O.6**), remarquable par ses sculptures, ses boiseries célèbres, ses monuments funéraires, le mausolée de Saint-Bertrand et son cloître.

Pendant la visite de l'église, déposer sa machine en garde à l'hôt. de *Comminges*, vis-à-vis la cathédrale.

Pour aller visiter les *grottes de Gargas*, il faut redescendre la côte de Saint-Bertrand et, au bas (**O.6**), suivre à g. le ch. d'Aventignan. Celui-ci laisse à g. le village de Saint-Martin (**1.3**). Plus loin, quittant (**1.5**) le ch. d'Aventignan, on se dirige vers le village de Tibiran (**1**) où réside le gardien des grottes (entrée, 1 fr. 50 — durée de la visite, 1 h.). De Tibiran, on se rend aux grottes par un sentier; ce parcours mesure encore quinze cents m. (**1.5**).

Nota. — Les autres excursions des environs de Luchon sont peu pratiques à bicyclette; car les routes, pénétrant dans l'intérieur des vallées qui prennent naissance à la chaîne même des Pyrénées, présentent, à l'aller, des rampes fort dures qu'il faut gravir en grande partie à pied, et, au retour, des pentes très rapides, nécessitant beaucoup d'attention.

Le touriste cycliste aura donc tout avantage à accomplir les excursions suivantes soit à pied, soit partie en voiture, partie à cheval.

Pendant la saison, l'agence *A. Curtot* (allées d'*Étigny*, 61, devant le passage *Sacarrère*) organise: 1°, un service de voitures, au prix réduit de 5 fr. par place (quand deux personnes au moins se présentent au départ), pour chacune des excursions à la *vallée d'Oueil*, à la *vallée d'Oo*, à la *vallée du Lys* et à la *vallée de la Pique* (pour les trois premières de ces excursions, deux départs par jour: le matin à 6 h. et le soir à 1 h.; retour à Luchon à midi et à 6 h. L'excursion de la vallée de la Pique demande toute la journée; on part le matin à 6 h. et on rentre le soir vers 6 h.); 2°, un service de voitures, au prix réduit de 20 fr. par place, pour l'excursion à la *vallée de la Burbe*, cette dernière avec retour à Luchon par Bozost, Pont-du-Roi et Saint-Béat (départ, le matin à 6 h.; retour le soir à 6 h.). La même agence procure au touriste, si celui-ci le désire, un cheval pour parfaire l'excursion au point où s'arrêtent les voitures; soit, dans la vallée d'Oo, pour aller des cabanes d'Astau au lac d'Oo et retour (cheval, 4 fr.); dans la vallée du Lys, pour aller de l'hôtellerie de Castillon au cirque d'Enfer, puis à la cascade du Cœur et retour (cheval, 4 fr.); dans la vallée de la Pique, pour aller de l'hôtellerie de l'hospice au port ou col de Venasque et retour à l'hospice par le port ou col de la Picade (cheval, 8 fr.).

La vallée d'Oueil (21 kil. 800 m., aller et retour).

Départ de Luchon par l'avenue de *Larboust*; puis, par le *pont de Mousquères* et la r. d'Arreau jusqu'à l'entrée de la vallée d'Oueil (**4.4**), *V.*, page 88, l'itinéraire d'*Arreau à Bagnères-de-Luchon*, en sens inverse.

Ici, laissant à g. la r. d'Arreau, on pénètre à dr. dans la vallée d'Oueil pour atteindre le village de Saint-Paul (**4.5**), ensuite la deuxième auberge de Mayregne (**2**), terme de l'excursion. Retour à Luchon (**10.9**) par la même route.

La vallée d'Oo (38 kil. 400 m., aller et retour, dont 6 kil. à cheval et 6 kil. à pied).

Départ de Luchon par l'avenue de *Larboust*; puis, par le *pont de Mousquères* et la r. d'Arreau jusqu'au village de Cazaux-Castillon (**6.7**), *V.*, page 88, l'itinéraire d'*Arreau à Bagnères-de-Luchon*, en sens inverse.

Au village de Cazaux, abandonnant la r. d'Arreau, on prendra à g. le ch. descendant au village d'Oo (**2.5** — vue du glacier du cirque d'Oo). Après le pont (**0.5**), pénétrant dans la vallée d'Oo, on remonte la rive dr. de l'*One* (torrent qui, avec le *Gar*, venant d'Espagne par la vallée de Saint-Béat, formera la *Garonne*) jusqu'aux cabanes d'Astau (**3.5**), près d'une hôtellerie où cesse la route.

De l'hôtellerie des cabanes d'Astau on se rend, soit à pied soit à cheval, au *lac d'Oo* ou de *Séculege* (**2** — 59 hectares de superficie, 62 m. de profondeur) terminé par une magnifique cascade tombant d'une hauteur de 275 m.

Sur le bord du lac s'élève une auberge où on trouve à louer des barques pour traverser le lac et atteindre le pied de la cascade.

De l'auberge du lac, où on laisse les chevaux, continuant l'excursion on suit à pied le sentier à g. qui longe la rive dr. du lac et conduit presqu'en ligne directe jusqu'aux lacets pénibles situés vis-à-vis de la cascade. Par ces lacets, on gagne le magnifique *cirque d'Oo* qui renferme les deux lacs d'*Espingo* et de *Saoussat*.

Contournant le premier de ces lacs (long de 600 m.). on va ensuite visiter celui de Saoussat (**2**) dont la superficie est de deux hectares.

Du lac de Saoussat, revenir à l'auberge du lac d'Oo (**2**) pour reprendre sa monture et redescendre ensuite aux cabanes d'Astau (**2**) où on retrouve la voiture qui ramène par le même itinéraire à Luchon (**12.2**).

La vallée du Lys (27 kil. 600 m., aller et retour, dont 7 kil. à cheval).

Devant l'établissement thermal, traverser à g. la *promenade des Quinconces*; puis prendre de suite à dr. la rue du *Cours des Quin-*

ces. Celle-ci longe un moment le parc et, un peu plus loin, laissant à g. le ch. de Saint-Mamet, continue sous le nom d'avenue de *Venasque*.

La r. suit la rive g. de la vallée de la Pique, dépasse la petite *chapelle de Bargnatigues*, à dr., puis commence à monter ; à g. se détache (**2.8**) le sentier de la *tour de Castel-Vieil* (à pied, 20' aller et retour ; gratification, 25 c.). Au haut de la rampe, on voit à g. l'entrée de la *Fontaine ferrugineuse*, voisine du *gouffre Marie-Louise* formé par la *Pique*. Traversant ce torrent, une première fois au *pont Lapadé* (**1**), on le franchira de nouveau, à dr., au *pont de Ravi* (**1** — Buvette).

Ici, la r. bifurque ; on laisse à g. la vallée de la Pique pour pénétrer à dr. dans celle du Lys.

On dépasse la cascade *Viguerie* (**1**), puis le *gouffre de Bonneau* (**1**), ce dernier séparé de la r. par une passerelle. Un peu plus loin apparaît la *cascade de Richard*. Après les Bordes du Lys (**3**), franchissant le pont du Lys, on atteint l'hôtellerie de *Castillon* (**0.5**) où cesse la route.

Dans le voisinage de l'hôtellerie, un petit ch., à dr., conduit au pied de la *cascade d'Enfer* qui tombe d'une hauteur de 70 m.

De la cascade se rendre, soit à pied, soit à cheval, par un sentier en zigzag, au *gouffre d'Enfer*, puis au *pont Nadié* (**1**) qui surplombe l'abîme.

Au delà du pont Nadié, le sentier traverse une forêt de sapins et passe devant la *cascade Montigny* ; puis, obliquant à dr., conduit par des lacets rapides, au *cirque d'Enfer* (**2**). Une fissure immense, où les eaux du Lys s'ouvrent un passage parmi des blocs de rochers et sous un pont de neige, coupe brusquement au Sud le vaste amphithéâtre et porte le nom de *rue d'Enfer*.

Du cirque d'Enfer redescendre à l'hôtellerie de *Castillon* (**3**) et aller visiter la *cascade du Cœur* (**0.5**). On y monte par un sentier à g. de l'hôtellerie.

De la cascade du Cœur, revenir reprendre sa voiture à l'hôtellerie de Castillon (**0.5**) et rentrer à Luchon par le même ch. (**10.3**).

La vallée de la Pique et le col de Venasque (**36** kil. **400** aller et retour, dont 17 kil. à cheval).

De Luchon au pont de Ravi (**4.8**), *V.*, page 93, l'itinéraire de la vallée du Lys.

A hauteur du pont de Ravi, laissant à dr. la direction de la vallée du Lys, on continuera à remonter la rive dr. de la vallée de la Pique. Un peu plus loin, aux premières granges de Labach, se détache à dr. (**0.9**) le ch. de Jouéou, par lequel on reviendra, si on veut visiter les deux cascades des Parisiens et des Demoiselles (*V.* page 95). Continuant la r., à g., on traverse le ruisseau des Barguères ; puis, sous l'ombrage d'une belle forêt de hêtres, dépassant le *pas du Chat* (**3**), on atteint, au delà des bois de *Charruga*, un vallon, encadré de hautes montagnes, où se trouve située l'hôtellerie de l'*Hospice de France* (**3**).

Laissant sa voiture à l'hôtellerie de l'Hospice, on continuera l'excursion à cheval.

Au départ de l'Hospice, le sentier traverse le ruisseau du *Pesson* (descendant de la vallée de la Frèche, à g., par laquelle on reviendra), ensuite continue à remonter la vallée de la Pique et traverse un second ruisseau nommé torrent de *Venasque*. Le sentier se bifurque ; laissant à dr. la branche qui mène au port ou col de la Glère, on gravira à g. les pénibles lacets qui conduisent, au-dessus du cirque de l'Hospice, à la cascade du *Culet* (**3**).

On franchit le torrent et, après avoir escaladé de rapides zigzags, on atteint le *vallon de l'Homme* (**3**), région désolée au milieu de laquelle se dresse, à dr. du sentier, le grand *rocher de l'Homme* Plus haut, après être passé dans le voisinage de cinq petits lacs, on parvient au port ou **col de Venasque** (**3** — Alt. : 2.417 m.), situé entre le pic de *Sauvegarde*, à dr., et le pic de la *Mine*, a g. Ici, passèrent dans l'antiquité les troupes d'Annibal, de Pompée et de Sertorius.

Du col de Venasque la vue, merveilleuse, s'étend sur la chaîne et les glaciers des *Monts Maudits* (en espagnol : la *Maladetta*), dominés par le pic du *Néthou* (Alt. : 3.404 m.), le géant des Pyrénées.

Au delà du col, on descend en Espagne ; un peu plus loin, s'arrêter pour déjeuner à l'hôtellerie située sur le plateau de la *Pena blanca* (de l'hôtellerie, on peut monter à pied en 1 h., par un bon sentier, au pic de *Sauvegarde* — Alt. : 2.738 m. ; droit de passage, 1 fr. — panorama splendide sur les dix-sept pics de la chaîne de la Maladetta).

Le sentier, très caillouteux, serpente à travers les tristes pâturages de la curieuse vallée de l'*Essera* ; puis, inclinant à g., gravit le *col de la Picade* (**3** — Alt. : 2.424 m.) qui sépare la Catalogne de l'Aragon.

A la descente du col de la Picade, on rencontre une bifurcation ; suivre le sentier de g. pour monter de nouveau et franchir le port ou *col de l'Escalette* (1 — Alt. : 2.400 m.).

De l'autre côté du col de l'Escalette, on rentre en France. Le sentier, à g., descend très rapidement le vallon de la Frèche pour gagner le petit plateau de *Cloutetz*, où jaillit une source d'eau ferrugineuse (**4**) ; ici, continuer à g. Le ch. s'améliore et ramène à l'Hospice de France (**4**) où on retrouve sa voiture pour revenir à Luchon (**9.7**) par le même ch. qu'à l'aller.

Nota. — Si on désire encore visiter, avant de rentrer, les deux cascades des Parisiens et des Demoiselles, on devra envoyer sa voiture attendre au *pont de Loze* et on suivra l'itinéraire ci-après.

4

De l'Hospice de France, après avoir traversé le ruisseau du *Pesson*, on tourne à dr. dans la forêt de *Sajust* et, aussitôt le torrent de *Venasque* franchi, on gravira à g. le sentier qui conduit à la *cascade des Parisiens*.

Revenir ensuite sur ses pas et reprendre à g. le ch. qui continue à descendre à travers le bois de Sajust. Après avoir traversé une importante carrière d'ardoises, on arrive au *chemin de Baliran*, indiqué par une plaque. Suivre ce ch. pour gagner le pont de Baliran jeté sur le torrent de la *Glère*. De l'autre côté du pont, on remonte la rive du torrent et, au delà de deux passerelles, formées de troncs d'arbres, on atteindra la *cascade des Demoiselles*.

De la cascade des Demoiselles, revenir au pont de Baliran, et, descendant le sentier sur la rive g. de la Glère, on arrivera bientôt au refuge de Jouéou, sur l'emplacement d'une ancienne préceptorerie des Templiers, vis-à-vis le pont de Loze où attend la voiture.

Du pont de Baliran (*V.* ci-dessus), on peut encore aller visiter le *gouffre Malaplate* en gravissant, sur la rive g. de la Glère, les lacets du ch. du Sarrat de la Glère jusqu'à la rencontre du sentier d'Esbas. Ce sentier conduit (15'), à travers forêt, au gouffre Malaplate magnifique abîme dans lequel se précipitent les eaux du torrent.

La vallée de Burbe et le col du Portillon (54 kil. 200 m., aller et retour).

De Luchon à Saint-Mamet (1.5), *V.*, page 89. l'itinéraire du *tour du Vallon*.

Au village de Saint-Mamet, tournant à dr., on suit l'étroit ch. qui remonte la vallée de la Pique jusqu'à hauteur du monticule de la tour de Castel-Vieil. (*V.* page 94). Ici, le ch., inclinant à g., s'écarte de la vallée de la Pique et s'engage dans la vallée de Burbe. On traverse deux fois le ruisseau, et, parvenu sur une belle terrasse de pâturages, on aperçoit à g. la *cascade Sidonie* (3). Le ch., continuant à longer la rive dr. du ruisseau, s'élève très durement à travers forêt pour atteindre le **col du Portillon** (6 — Alt. : 1.308 m.) situé entre la France et l'Espagne.

De l'autre côté du col, de mauvais et rapides lacets ravinés font descendre dans le val d'*Aran* où prend naissance la *Garonne*. On rejoint (3) la r. principale de la vallée qui mène à g. vers Bosost (1.5 — Hôt. d'Espagne).

De Bosost, par Lès (3 — petit établissement thermal, casino) et Pontau (3), on rentre en France à Pont-du-Roi (3).

La r. redevenue bonne, très pittoresque, continue à descendre la vallée de la Garonne et dépasse successivement les villages de Fos (5), d'Arlos (3) et de Saint-Béat (3)

De Saint-Béat à Bagnères-de-Luchon (20.2 — Côtes : 11'), *V.*, page 99. l'itinéraire de *Bagnères-de-Luchon à Juzet-d'Izaut*, en sens inverse.

Super-Bagnères (21 kil. aller et retour — 5 h. à cheval; cheval et guide, 7 fr. chacun).

L'itinéraire le plus avantageux pour atteindre le sommet de cette belle montagne, qui s'élève au-dessus de l'Etablissement thermal et du restaurant de la Chaumière, consiste à suivre l'avenue de *Larboust* jusqu'au *pont de Mousquères* (*V*. page 89). Ici, laissant le pont à dr., on prendra à g. le ch. qui conduit aux gracieux chalets et à la cascade de Sourrouilh (2 — Droits de passage, 25 c. — Café-restaurant).

Au delà des chalets de Sourrouilh, le sentier suit un moment la rive dr. du ruisseau, puis s'élève en lacets à travers un petit bois. On atteint ainsi des prairies fortement inclinées. Se diriger, en biaisant, vers les granges qu'on aperçoit à g. Bientôt on rejoindra un sentier bien tracé montant à dr. vers la lisière d'une forêt de sapins. Parvenu à la forêt, il n'y a plus qu'à continuer par le bon ch. de Super-Bagnères qui monte à dr.; quelques anciennes marques indicatrices sont tracées en rouge sur les arbres et les rochers.

A la sortie de la forêt, on gravit à g. les pentes rapides gazonnées qui mènent sur la cime de Super-Bagnères (6.5 — 3 h. de Luchon — Alt.: 1.796 m. — petite aub.) d'où l'on jouit d'un des plus beaux panoramas des environs de Luchon.

De Super-Bagnères, on peut redescendre à Luchon: soit par la Fontaine d'Amour et la Chaumière, ce qui raccourcit l'excursion de quatre kil., soit par Castel-Vieil et Luchon (12.5).

Parmi les autres ascensions faciles, aux environs de Luchon, nous signalerons encore celles: du **tuc d'Avède**, par la tour de Castelblancat (Alt.: 1.481 m.; 5 h. à cheval, aller et retour), — du **Montné** (Alt.: 2.147 m.; 8 h. à cheval, aller et retour), à l'extrémité de la vallée d'Oueil (*V*. page 93), qui se fait souvent la nuit pour assister au lever du soleil, — de la **montagne de l'Espiaup** (6 h. 1/2 à cheval, aller et retour), célèbre par ses pierres druidiques, alignements et cromlechs, — du **Poujastou** (Alt.: 1.930 m.; 9 h. à cheval, aller et retour), — du **pic de l'Entécade** (Alt.: 2.220 m.; 7 h. 1/2 à cheval, aller et retour, depuis l'Hospice de France, *V*. page 95), — des **pics de Bacanère et de Burat** (Alt.: 2.195 et 2.150 m.; 9 h. à cheval, aller et retour), — de l'**Auténac** (Alt.: 2.000 m.; 7 h. à cheval, aller et retour, depuis Saint-Paul-d'Oueil).

Plus difficiles sont les ascensions du **port d'Oo** (Alt.: 3.002 m., à 5 h. de marche du lac d'Oo, *V*. page 93), — du **pic de Perdighero** (Alt.: 3.220 m.; 6 h. de marche du lac d'Oo, *V*. page 93), — du **pic de Boum** Alt.: 3.010 m.; 6 h. de marche de l'hôtellerie de Castillon, *V* — du **port de la Glère**

(Alt. : 2.323 m., à 4 h. 1/2 de marche de l'Hospice de France, *V.* page 95). — Encore moins commode, l'ascension du **pic des Gourgs-Blancs** (Alt. : 3.144 m.), par les cabanes d'Astau (*V.* page 93) et le **lac Caillaouas**, qui exige deux journées et un très bon guide.

Enfin, les ascensionnistes éprouvés, auxquels l'usage de la corde et de la hache est familier, pourront, accompagnés d'excellents guides, tenter de gravir les **pics du Néthou** (Alt. : 3.404 m.), de **Posets** (Alt. : 3.367 m.) ou de la **Maladetta** (Alt. : 3.312 m.) les géants des Pyrénées, dans le groupe des montagnes de Venasque sur le territoire espagnol ; courses longues et pénibles qui demandent chacune deux ou trois journées et se font au départ du col de Venasque (*V.* page 94).

Pour mémoire. — De Bagnères-de-Luchon à Montréjeau, par Cierp (**16** — *V.*, page 99, l'itinéraire de *Bagnères-de-Luchon à Juzet-d'Izaut*), le pont de Labroquère (**16** — *V.*, page 91, l'itinéraire de *Bagnères-de-Luchon à Saint-Bertrand-de-Comminges*) et Montréjeau (**6** — Hôt. du *Parc*).

De **Bagnères-de-Luchon** à **Toulouse,** par le pont de Labroquère (**32** — *V.* ci-dessus), Martres-de-Rivière (**7.5**), Valentine (**5.5**), **Saint-Gaudens** (**2** — Ch.-l. d'arr. — 7.007 hab. — Hôt. *Ferrières*), Gaudines (**9**), Beauchalot (**3**), Lestelle (**4**), Saint-Martory (**3** — Hôt. *Castex*), Mancioux (**3**), Boussens (**2**), Martres-Tolosanes (**5**), Saint-Elix (**13**), Noé (**14**), La Fauga (**5**), **Muret** (**8** — Ch.-l. d'arr. — 4.142 hab. — Hôt. de *France*), Portet (**10**) et Toulouse (**10** — *V.* page 172).

DE BAGNÈRES-DE-LUCHON A JUZET-D'IZAUT

PAR MOUSTAJON, ANTIGNAC, LE PONT-DE-CAZAUX, GAUD,
CIERP, MARIGNAC, SAINT-BÉAT, CHAUM, FRONSAC,
ANTICHAN, LE COL DES ARES ET JUZET-D'IZAUT.

Distance: 44 kil. 200 m. *Côtes*: 2 h. 27 min.

Nota. — Route légèrement ondulée, plutôt descendante, jusqu'à Cierp. Petite montée à Marignac. De Saint-Béat à Fronsac, descente douce. Un kil. au delà de Fronsac commence la côte du col des Ares, longue de sept kil., suivie d'une agréable descente de sept kil. deux cents m. Une autre côte de dix-huit cents m. précède Juzet-d'Izaut.

Les cyclistes qui voudraient éviter l'ascension des deux cols des Ares et de Portet, ce dernier très dur (*V.* page 103), devront se rendre de Saint-Béat à Saint-Girons (*V.* page 105) par l'itinéraire de la vallée passant par Fronsac (6.4 — *V.* page 101), Ore (2.5), Galié (2), le pont de Luscan (2.5), Loures (1.9 — Hôt. *Verdier*), le pont de Labroquère (1.7), Martres-de-Rivière (7.5), Valentine (5.5), Miramont (3.5), Gentille (3.5), Pointis-Inard (2), Montespan (5.5), Laoudary (2), Figarol (2.5), Coutes (1), Touzets (0.5), Labaux (2), Mane (1), His (2.5), Castagnède (1), Prat (5), Caumont (5.5), Lorp (3.5) et Saint-Girons (3.7).

Excellente route descendant la vallée de la Garonne jusqu'au pont de Labroquère. Trois kil. au delà de ce pont, on quitte la direction de Montréjeau pour prendre à dr. celle de Saint-Gaudens, en continuant à descendre la large vallée de la Garonne. A Valentine, on laisse Saint-Gaudens sur la g.; puis à Pointis-Inard, s'éloignant de la Garonne, on traverse à dr. une région assez accidentée jusqu'à Mane, dans la vallée du Salat. Belle route de Mane à Saint-Girons.

Les voituriers de Bagnères-de-Luchon demandent 100 fr. pour conduire à Saint-Girons par les cols des Ares et de Portet.

A la sortie de l'hôt. de la *Paix*, suivre à dr. les allées d'*Etigny*, puis l'avenue *Carnot*. Traverser les places de l'*Eglise* et de *Comminges* et continuer par l'avenue de la *Gare*.

On traverse la rivière d'*One* laissant à dr., à l'extrémité de l'avenue (1.1), la gare de Luchon

La r., légèrement ondulée, descend la ravissante vallée de Luchon, arrosée par la Pique et entourée de belles montagnes. On passe à Moustajon (**2**) dans le voisinage d'une vieille tour, à g.; côte de deux cents m.(2').

Après Antignac (**1.4**), passage à niveau du ch. de fer et pont sur la Pique; à dr., embranchement (**1.3**) des ch. de Juzet-de-Luchon et de Montauban (V., page 89, l'itinéraire du tour du Vallon); légère montée. —

La r. traverse une jolie plaine ombragée. A g. (**1.7**), pont de la station et du village de Cier-de-Luchon (1), ce dernier situé sur le flanc de la montagne, à l'extrémité du bassin de Luchon, autrefois un des grands lacs des Pyrénées, asséchés par les Romains.

Six cents m. plus loin, petit défilé orné de deux statues de la Vierge; l'une, dans une niche du rocher, à dr.; l'autre, sur un piédestal, à g. de la r. Celle-ci, continuant à onduler, dépasse le hameau du Pont-de-Cazaux (**2**) et franchit deux fois le torrent, ainsi que la voie ferrée, pour gagner, par une côte de trois cents m. (2'), la fruitière de Muna (**4.4**). La descente s'accentue, on passe sous la ligne; à g., marbrerie importante.

Le village de Gaud (**1.6**) touche celui de Cierp (**0.4** — Hôt. de France), où on laisse à g. la direction de Montréjeau (21.9 — V. page 98) pour prendre à dr. celle de Saint-Béat.

La r., pénétrant dans le beau bassin de prairies où viennent se réunir les eaux de la Pique et celles de la Garonne, longe le promontoire de la chaine qui sépare la vallée de Luchon de la vallée de Saint-Béat.

On gravit une petite côte (7') pour traverser le passage à niveau de la ligne de Luchon à Montréjeau (Hôt. du Pic-de-Gar) et atteindre le village de Marignac (**1.5**) où on remarque plusieurs jolies propriétés, un beau château et un vieux donjon.

Après le pont sur un ruisseau venant de la montagne, on descend dans un court défilé très sauvage, en bordure du petit lac marécageux d'Eslagnaou, au pied d'une énorme falaise rocheuse d'où sont extraits les beaux marbres blancs et bleus de Saint-Béat. A g., le pic de Gar, à la cime dentelée de sept pointes, est également en partie formé de marbre.

Dépassant des fours à chaux, bientôt on se trouve à l'entrée de la gorge de Saint-Béat, creusée par la *Garonne*, entre les deux montagnes dites du *Cap de Ric* et du *Cap det Mount*.

Le curieux village de Saint-Béat (Ch.-l. d. c. — 925 hab.), jadis la *clef de France*, bâti en arc de cercle, occupe toute la longueur de cette gorge qui précède la vallée supérieure de la Garonne.

Vis-à-vis la nouvelle halle, les deux rives du fleuve sont reliées par un pont (**2.8**) qu'il faut franchir à g. pour visiter le château et continuer l'itinéraire.

Nota. — Si on doit déjeuner, ou faire étape à Saint-Béat, on ne traversera pas la Garonne, mais on suivra, devant soi, la rue qui longe la Mairie (ancienne maison avec arcades) pour se rendre, au milieu de la localité, à l'excellent hôt. recommandé de la *Terrasse* (0.2) dont la terrasse et le parc bordent la Garonne.

A l'extrémité de Saint-Béat, continue la r. de Pont-du-Roi (11), frontière de la France et de l'Espagne (*V*. page 96).

De l'autre côté du pont, on peut laisser sa machine en garde au débit de tabac pour aller visiter les intéressantes ruines du *château de Saint-Béat* (20' aller et retour).

On monte au château par les escaliers d'une ruelle contiguë au débit de tabac. Les clefs d'entrée sont délivrées (50 c.) à la maison située à g., au premier tournant de l'escalier. Le **château de Saint-Béat** comprenait deux enceintes. Celles-ci renferment aujourd'hui une statue de la Vierge, une chapelle et un donjon qui sert de beffroi. De la plate-forme, vue magnifique sur la vallée, la gorge et le village de Saint-Béat.

La r. de Fronsac, sur la rive dr. de la Garonne, descend agréablement à travers des prairies et des champs fertiles ; elle franchit le ruisseau d'*Eup*, puis vient contourner la base du pic de Gar en passant aux villages de Chaum (**4.4**) et de Fronsac.

A l'extrémité de Fronsac, vis-à-vis la chapelle de *Noire-Dame-du-Bon-Chemin* (**2**), laisser à g. la r. de Saint-Gaudens (23) et de Barbazan (10), et suivre à dr. le ch. d'Antichan.

Celui-ci ne tarde pas à s'élever (Côte de sept kil. 1 h. 50') à flanc de montagne, au milieu de prairies parsemées de peupliers et d'arbres divers, découvrant une vue superbe sur le bassin de la Garonne environné de magnifiques sommets. Au-dessous du ch., les villages de Frontignan et d'Ore apparaissent dans la verdure.

Après plusieurs capricieux circuits, on atteint le plateau d'Antichan. Ici, parvenu devant une croix, on abandonnera (**3.6**) le ch. de Saint-Gaudens (!9), bordé du télégraphe, et on poursuivra à dr. Un peu plus loin, à l'angle du cimetière d'Antichan, continuer à g.; trois cents m. de terrain plat.

Le ch. contourne le maigre village d'Antichan (**1.1**) et, tracé un moment en terrasse, offre, au tournant, un panorama splendide sur toute la région, la vallée de la Garonne, les montagnes qui l'enserrent et les hautes cimes, couvertes de neige, qui limitent l'horizon dans la direction de Luchon.

On s'élève toujours par des sinuosités pour dominer à présent, à g., les villages de Saint-Pé-d'Ardet, de Lourde et de Mont-de-Galié, ainsi que la petite r. de Saint-Gaudens, quittée au précédant carrefour.

Après avoir traversé deux taillis de bois, perdant de vue la plaine, on atteint les hautes cultures du **col des Ares** (**3.7** — Alt. : 762 m.), signalé par une cabane de refuge, voisine d'une croix.

Superbe descente dans les pittoresques vallonnements boisés et cultivés de la région de Moncaup, petit village à dr. au-dessous de la r. De ce côté, au lointain, on aperçoit le village d'Arguenos, sur les pentes du massif du pic du Gar, ainsi que les grandes forêts du *Gar* et de *Cagire*. A g., se détache le ch. (**5.8**) de Cazaunous (0.5) et de Valentine (16.5).

Au bas de la descente, on traverse le ruisseau qui alimente les moulins *Daspet* et de la *Moulette*; puis, abandonnant la direction du vallon de Cazaunous, on remonte (25') par une r. gracieusement ombragée vers Juzet-d'Izaut (Alt. : 591 m. — 600 hab.). Dans ce village, parvenu à hauteur de l'église (**3.3**), en bordure de la r., monter à dr. (1') le ch., entre des haies, qui conduit à l'auberge *Dedieu* (**0.1**).

DE JUZET-D'IZAUT A SAINT-GIRONS

PAR LA CHAPELLE DE BURET, HENNE-MORTE, LE COL DE
PORTET, PORTET-D'ASPET, SAINT-LARY, AUGIREIN,
ORGIBET, ILLARTEIN, AUCAZEIN, ARGEIN, ANDRESSEIN,
ENGOMER, LUZENAC ET MOULIS.

Distance : **43** kil. **500** m. *Côtes :* **2** h. **48** min.

Nota. — Route excessivement pénible à la montée du col de
Portet, qui présente une côte très dure longue de sept kil., dont
quatre kil. de terrain détestable. A la descente du col, le sol s'améliore; lacets très rapides jusqu'à Portet-d'Aspet. Au delà de cette
localité la pente s'adoucit, et la route, devenue excellente, descend
presque continuellement jusqu'à Saint-Girons.

Quittant l'auberge *Dedieu*, venir reprendre **(0.1)** la
r. d'Aspet à dr. Celle-ci monte un moment (3') pour
franchir le petit *col de Buret* entre deux monts boisés;
puis, descendant à travers une charmante contrée,
vers le hameau de Buret, atteint bientôt la *chapelle de
Buret* **(2.4)**, petit monument, à g. de la r., dédié à la
Vierge par les habitants de Sengouagnet, reconnais-
sants d'avoir été préservés du choléra en 1854-1855.

Ici, abandonner la direction d'Aspet (4.7), et prendre
à dr. le ch. de Portet-d'Aspet. On descend rapidement
pour rejoindre le niveau du *Ger* et passer près d'une
scierie; superbe vue des montagnes. On remonte
(Côtes : 2' et 10') un étroit vallon, très boisé, en s'élevant peu à peu (Côtes : 25' et 4') à une grande hauteur
au-dessus du torrent. Après avoir traversé deux ravins,
on atteint le hameau pittoresque de la Henne-Morte
(4.9) d'où la rampe (1 h. 50') s'accentue jusqu'au col de
Portet.

Quatre cents m. plus loin, on traverse **(0.4)** le Ger
en laissant à dr., de l'autre côté du pont, le ch. de
Couledoux (3), s'enfonçant au cœur des montagnes.

La montée devient de plus en plus pénible et le ch. très mauvais dans la traversée de la *combe de Portet*, défilé solitaire entouré de broussailles.

Après avoir contourné un ravin (**2.2**), la gorge s'élargit ; à g., on aperçoit le hameau de Bach sur le flanc du *tuc de las Haouerados*; puis, peu à peu, on gagne les hautes prairies qui précèdent le **col de Portet** (**2.2** — Alt. : 1,074 m.). Du col, à côté d'un petit oratoire, vue magnifique : à dr., sur le massif pyrénéen et, devant soi, sur la large et fertile *vallée de la Ballongue.*

Descente très rapide, en lacets, avec tournants brusques, jusqu'au village de Portet-d'Aspet (**2.1**). Au delà de cette localité, la r. continue à descendre un vallon encaissé et passe du département de la Haute-Garonne dans celui de l'Ariège. Le sol redevient bon et la pente modérée aux abords de Saint-Lary (**2.2**), village dans une gorge, sur la rive g. de la *Bouigane.*

Nota. — L'auberge *Dupont*, où on peut s'arrêter pour déjeuner à Saint-Lary, est située à dr., à vingt-cinq m. de l'autre côté du deuxième pont, quand on a dépassé l'église.

Au delà de Saint-Lary, on suit la rive g. du torrent en descendant une délicieuse vallée, très peuplée, admirablement cultivée et ombragée d'arbres de toutes espèces.

Le ch. ondule légèrement (Côtes : 2' et 2'). Après Augirein (**2.1**), il franchit deux fois la Bouigane ; côte de six cents m. (5'). Depuis Orgibet (**2**), agréable descente, assez rapide, longue de deux kil. et demi environ, jusqu'à un nouveau pont sur la rivière.

Ensuite, descendant en pente douce presque continuellement, on rencontre successivement les villages d'Illartein (**2.2**), d'Aucazein (**0.6**) et d'Argein (**1.2**).

Le ch. oblique plus à g. et traverse de nouveau la rivière au pont d'Andressein (**2.2**), village situé au confluent de la *Bouigane* et du *Lez*. A l'extrémité de la rue (un raidillon), tournant à g., on franchit le pont sur le Lez; puis, traversant la vallée (Côte : 5'), on rejoindra (0.6) la r. de Bordes-sur-Lez à Saint-Girons. Très belle vue à dr. sur les montagnes, dominées par le pic du *Midi-de-Bordes* (Al. : 1.785 m.), qui limitent la vallée du Lez.

La vallée du Lez pénètre profondément dans le massif montagneux de cette partie des Pyrénées et mérite d'être visitée. La r. qui la dessert passe par Castillon (1 — Ch.-l. de c. — 860 hab. — Hôt. *Peyrevidal*), Ourjou (2), Les Bordes (0.4), Bonnac (7), Sentein (2 — Hôt. *Claverie* — Eaux thermales — Mines de plomb argentifère).

Des Bordes, on peut se rendre au lac de Betmale, à l'extrémité de la *vallée de Betmale*, dont les habitants ont conservé des mœurs et costumes curieux, par Arrien (1), Arret (1), Ayet (1.5) et le lac (4). Ch. muletier des Bordes à Ayet, ensuite sentier.

La .r. de Saint-Girons, à g., descend doucement l'attrayante vallée du Lez dont les hauteurs environnantes sont couvertes de cultures, de villages et de hameaux. On traverse une seconde fois le Lez au pont d'Engomer (2.8) et, dépassant l'église de Luzenac (1.9), on roule à travers des champs fertiles. Dans l'un d'eux, à dr., se dresse la ruine d'une antique *pierre-miliaire*.

La r. longe un moment la rivière puis monte légèrement vers Moulis (1.4), village pittoresque, à cheval sur le Lez, au pied d'une arête de montagne hérissée de trois pics en forme de dents.

Saint-Girons (Ch.-l. d'arr. — 5.449 hab.) est précédé par le faubourg de Ledar, en bordure de la rivière, qui conduit (5.2) à la r. nationale de Perpignan à Bayonne.

Ici, tournant à dr., on franchira de nouveau le Lez pour entrer dans Saint-Girons. La grande rue de *Villefranche* traverse les places du *Pont-Neuf* et des *Capots*. Au delà de cette dernière, tourner à g, dans la rue du *Pont-Vieux*, celui-ci au-dessus de la rivière du *Salat*. De l'autre côté du pont, la rue *Galy-Gazalat* à dr., mène à la place du *Pla-de-Lom* où se trouve situé à g. l'hôt. de *France* (0.6).

Visite de la ville de Saint-Girons. — L'église paroissiale. — La promenade du Champ-de-Mars.

Excursion recommandée au départ de Saint-Girons.
— à **Saint-Lizier** (**5** kil , aller et retour), curieuse ville antique,
aujourd'hui ch.-l. de c., située sur une colline, dominant le Salat,
au-dessus de la r. de Saint-Martory.

Pour mémoire. — De **Saint-Girons** à **Tarbes**, par
Saint-Lizier (**2**), Lorp (**2**), Caumont (**3**), Prat (**6**), Hés (**6**),
Mane (**2**), Montsaunès (**5**), Saint-Martory (**3** — Hôt. *Castex*
Lestelle (**3**), Beauchalot (**4**), Gaudines (**3**), **Saint-Gaudens**
(**9** — Ch.-l. d'arr. — 7.007 hab. — Hôt. *Ferrières*), Villeneuve-de-
Rivière (**5**), Côte-d'Ausson (**6**), Montréjeau (**3** — Hôt. du *Parc*),
Pinas (**12**), la Demi-Lune (**2**), Lannemezan (**2** — Hôt. *Castex*),
Lanespède (**15**), Ozon (**1**), Tournay (**2** — Aub. *Cauhapérou*),
Bordes (**3**), Lhez (**2**), Mascaras (**5**) et Tarbes (**9** — *V*. page 44).

Cette r., qui descend la vallée du Salat, entre Saint-Girons et
Mane, présente une côte de deux kil. à Montsaunès suivie d'une
agréable descente vers la vallée de la Garonne. Depuis Saint-Martory, on remonte la rive g. du fleuve, en ondulant, et on suit une r.
de plaine avec la vue de la chaîne des Pyrénées, dans le lointain,
au Sud.

De Saint-Gaudens à la Demi-Lune, montée constante en rampe
douce, puis traversée du plateau des landes de Lannemezan. Dépassé
Lannemezan, commence une belle descente de onze kil. dans la
vallée de la Lène, suivie d'une série de côtes et de descentes, assez
longues, entre Tournay et Tarbes.

De **Saint-Girons** à **Foix**, par Lescure (**8**), Rimont (**4**), Cas-
telnau-Durban (**5**), La Bastide-de-Sérou (**9** — Hôt. du *Lion-d'Or*),
Montels (**4**), Cadarcet (**2**), col de Bouich (**2**), Saint-Martin-de-
Caralp (**2**) et Foix (**8** — *V*. page 114).

De Saint-Girons à Rimont, montée constante, dont un kil. dur;
ensuite descente douce jusqu'à Castelnau-Durban. De Castelnau-
Durban à La Bastide-de-Sérou, rampe douce. De La Bastide-de-
Sérou au col de Bouich, entre les bassins du Salat et de l'Ariège,
forte montée dont trois kil. durs.

Du col à Foix, descente continuelle.

DE SAINT-GIRONS A AULUS

Par Eichel, Lacourt, le pont de Kercabanac, Saint-Sernin, Soueix, Vic, Oust et Ercé.

Distance : **82** kil. **600** m. *Côtes :* **40** min.

Nota. — Cette route, qui monte presque constamment, présente néanmoins une rampe très abordable. Deux côtes seulement, un peu dures ; longue chacune d'un kil. environ.

A la sortie de l'hôt. de *France*, prendre à dr. la petite rue *Galy-Gazalat* ; traverser ensuite à g. le *Salat* et, par la rue du *Pont-Vieux*, revenir à la grande rue de *Villefranche* où on tournera à g. sur la r. d'Aulus.

Celle-ci au début, en plaine, remonte insensiblement la rive g. du *Salat*. On dépasse successivement le hameau d'Antras (**2.6**), le village d'Eichel (**0.5**) et l'importante fabrique de papier à cigarettes de la maison *Job* (**0.5**).

La vallée se resserre peu à peu tandis que la rivière coule le long de la r. A g., sur une colline, ruines du château *d'Encourtiech*.

On entre dans le petit bassin de Lacour (**2.6**), village où se détache à g. le ch. de Riverenest (6). La r., bordée de peupliers, traverse la gorge aride de Ribaouto, longue de deux kil. environ, puis monte légèrement pour atteindre le *pont de Kercabanac* (**6.4**).

Ici, laissant à g. la direction de Massat (*V.* page 110), on passera à dr. sous un petit tunnel, creusé dans le rocher, pour continuer vers Oust.

Après les villages de Saint-Sernin (**1** — Raidillon : 1')

et de Soueix (1 — Côte : 3'), le gracieux vallon s'élargit en approchant du pittoresque bassin d'Oust, situé au confluent du *Salat* et du *Garbet*. A la bifurcation (0.5), on laisse à dr. le ch. de Seix (3) pour descendre légèment à g. au pont sur le Salat. La r. oblique ensuite à dr. et traverse le petit village de Vic (0.7 — vieille église romane). Belle vue à dr. sur les pics rocheux du *Mont-Vallier.*

On remonte à présent la rive dr. du Garbet en touchant au pont d'Oust (1.3 — Ch.-l. de c. — 1.506 hab.), sur lequel s'éloigne le ch. de Castillon (25); continuer à g.

Quatre cents m. plus loin, la r. dépasse la *fromagerie d'Oust* et, toute droite, close de haies, parcourt de fraîches prairies pendant un kil.; à g. (1.3), ch. muletier de Massat (16.3).

La montée s'accentue; une côte (4'). On dépasse un hameau (3), dépendant d'Ercé, et le petit oratoire de Saint-Pierre (2). Dans le fond de la vallée se dressent les deux beaux pics du *col d'Eret* ou de *Montbéas* et de *Bertrone*, ainsi que les beaux sommets, curieusement dentelés, des hautes montagnes qui limitent l'horizon.

Au delà d'Ercé (0.9), la rampe augmente encore. (Côte : 3'). On passe dans le voisinage de rochers pittoresques, en partie recouverts de verdure, tandis que la vallée, fort jolie, se peuple d'une multitude de maisonnettes éparpillées sur les pentes des pâturages, à la base de hauteurs, tantôt boisées, tantôt arides.

La r. franchit un ruisseau, puis gravit deux côtes (15' et 4'); ensuite elle descend dans le gracieux petit bassin d'Aulus, aux prés verdoyants. On se rapproche de plus en plus des majestueuses montagnes qui semblent barrer la vallée. Une dernière côte (10') précède la jolie avenue qui conduit à Aulus (Alt. : 763 m. — 799 hab.).

On longe à dr. le parc au milieu duquel s'élève le chalet du Casino; puis on laisse du même côté le pont de l'avenue des *Bains*, et, à g., le Casino-Club.

A l'extrémité de l'avenue, s'arrêter au Grand Hôtel recommandé du *Midi* (8.4).

Visite d'Aulus (environ 1 h.). — *Itinéraire*: A la sortie de l'hôt. du *Midi*, traverser à dr. le village d'Aulus et, par le ch. de Vicdessos (21.6), se rendre jusqu'au delà des dernières maisons de la localité. Parvenu à un croisement de ch., descendre à dr. en longeant un ravin. On traverse le vallon dans sa largeur pour rejoindre le bord du *Garbet* et rentrer à Aulus par une petite avenue d'acacias. Revenu devant la terrasse du café du Midi, suivre devant soi la r. de Saint-Girons et, après avoir dépassé le *Casino-Club* (café chantant), à dr., traverser à g. le pont qui précède l'allée des Bains. Après avoir vu les Thermes (traitement de la dyspepsie et de l'anémie, des affections du foie et des voies génito-urinaires, de l'herpétisme et de la syphilis), revenir à la r. de Saint Girons et la suivre à g. jusqu'à la grille du Parc, où se trouve situé le Chalet du Casino.

Excursions recommandées au départ d'Aulus. — Parmi les excursions faciles qu'on peut faire à pied, ou à âne, nous signalerons celles : de la **cascade de Fouillet** (10 kil., aller et retour), — de la **cascade d'Ars**, une des plus belles des Pyrénées (12 kil. aller et retour), — du **lac de Garbet** (16 kil., aller et retour), — du **lac de Lhers** (16 kil., aller et retour), — du **village d'Ustou** (16 kil., aller et retour), par le col de Latrape et Sérac.

Les ascensions sans danger du **tuc de Bertrone** (Alt: 1.401 m.) et du **col d'Eret** ou de **Montbéas** (Alt: 1.903 m.), demandent environ 4 heures aller et retour.

D'AULUS A MASSAT

Par Ercé, Oust, Vic, Soueix, Saint-Sernin, le pont
de Kercabanac, Le Castet et Biert.

Distance : **34** kil. **900** m. *Côtes:* **18** min.

Nota. — Route descendant agréablement jusqu'au pont de
Kercabanac. Du pont de Kercabanac à Massat, montée continuelle
en rampe douce, à part quelques raidillons et une côte plus accentuée, longue de huit cents m., précédant Massat.

D'Aulus au *pont de Kercabanac* (**30**), *V*., page 107,
l'itinéraire de *Saint-Girons à Aulus*, en sens inverse.

Laissant devant soi la r. de Saint-Girons, par laquelle
on est venu, traverser à dr. le pont de Kercabanac, sur
le *Salat*. On remonte en rampe douce la rive g. de
l'*Arac* au milieu d'un frais vallon ombragé ; pont sur
un ruisseau (**1.9**).

Après deux petites côtes (3' et 2'), le ch. débouche
dans le bassin de Soulan. Le village de ce nom s'étage
sur des pentes à g., tandis qu'on traverse celui du Castet (**3** — Aub. de la *Gendarmerie*) ; deux raidillons (1'
et 2').

Plus loin, on pénètre dans un défilé rocheux, boisé,
long de six kil. La r. le parcourt en décrivant plusieurs
sinuosités ; passage intéressant.

A la sortie du défilé (**6.8**), franchissant une première
fois l'*Arac*, puis un ruisseau (**0.6**) qui vient du vallon
d'Encenou, à g., on traverse les verdoyantes prairies
du bassin de Biert (**0.7**), dans une région environnée
d'agréables montagnes ; à dr., pittoresque sommet
au profil curieusement découpé.

Au delà d'un deuxième pont (**1.4**) sur l'Arac, le ch.
s'élève par une côte de huit cents m. (10') pour atteindre Massat (Ch.-l. d. c. — 3.704 hab.). S'arrêter à dr.,
après avoir dépassé la *chapelle de l'Ave-Maria*, à l'excellent hôt. recommandé *Lapenne* (**1.5**).

DE MASSAT A FOIX

PAR LE COL DE PORT, PRAT-COMMUNAL, SAURAT, BÉDEIL-
LAC, SURBA, TARASCON-SUR-ARIÈGE, BONPAS, MERCUS,
GARRABEL ET MONTGAILLARD.

Distance : **46** kil. **200** m. *Côtes :* **3** h. **51** min.

Nota. — De Massat au col de Port, treize kil. de montée dure,
Du col de Port à Tarascon, descente continuelle, à part une côte
de huit cents m. précédant Bédeillac. De Tarascon à Foix, descente de la vallée de l'Ariège ; trois petites côtes insignifiantes. Le
cycliste qui voudra se ménager, pourra louer une voiture particulière à Massat pour se faire conduire au sommet du col (prix, 6 fr.
chez M. *Claustre*, loueur).

Sortant de l'hôt. *Lapenne*, suivre la rue à dr. et,
parvenu sur la place de l'Eglise (clocher octogonal),
descendre à g. de l'église la r. de Tarascon. Trois cents
m. plus bas, on franchit l'*Arac* et aussitôt commence
la longue et pénible montée du col de Port (3 h. 30').

La r., au début, assez bien ombragée, s'élève à flanc
de montagne, en décrivant de multiples sinuosités.
Elle suit à dr. un petit vallon ; puis, dépassant les hameaux de La Rouqueille (**2**) et d'Eychars (**1.5**), domine
de profonds accidents de terrain bien cultivés et parsemés d'arbres ; belle vue en arrière sur le massif du
Mont-Vallier.

A g., se détache (**1.2**) un ch. direct, mais peu recommandable, conduisant à Foix à travers une région très
montagneuse. La r., moins abritée, continue à s'élever
à présent au-dessus d'une profonde et assez large vallée, arrosée par un affluent de l'Arac. On aperçoit l'é-
glise de Jacoy ainsi que les nombreuses habitations de
Rieupregan. Ensuite la contrée devient plus déserte en
approchant du col ; à dr., un ch. en lacet (**6**) descend
dans la direction des *bois de Candail* qui tapissent le
versant de la montagne opposée.

Près d'un hangar isolé, on atteint le **col de Port**
(**1.2** — Alt. : 1.249 m.), situé entre le pic de l'*Homme
Mort*, à g., et celui d'*Estibal*, à dr., à la ligne de partage des bassins du *Salat* et de l'*Ariège*.

La descente, rapide, débute par trois grands lacets sur des pâturages dénudés ; au loin, vue superbe de cimes magnifiquement découpées. La végétation, luxuriante, reparait presque sans transition avec le premier hameau des Usclades (**2.5**).

On descend la vallée pittoresque du *Saurat*, dont on franchit une première fois le ruisseau au pont de Prat-Communal (**2**), et, une seconde fois, quinze cents m. plus bas, après avoir encore traversé un de ses affluents, le *Loumel*.

La r., demeurant à présent sur la rive g., cesse ses capricieux contours et se dirige presque en ligne droite vers le long bourg de Saurat (**4.5** — Hôt. du *Commerce*), coupé par une belle promenade plantée de tilleuls. Descente rapide jusqu'au nouveau pont (**5.4**) sur le Saurat ; à g., une tour couronne un mont isolé ; tandis qu'à dr. se dresse l'énorme rocher sur lequel apparaissent les ruines du *château de Calamès*, à une hauteur de mille m.

De l'autre côté du pont, côte de huit cents m. (10') ; à g., sur l'autre rive, le village d'Aynat s'abrite dans la verdure. On contourne la base du rocher de Calamès, puis la descente reprend vers Bédeillac (**1.2**). A la sortie de cette localité, la nouvelle r., à g., passe au pied du *roc de Sédour*, profondément creusé d'une multitude de cavités et de grottes, dont quelques-unes remarquables par la découverte qu'on y a faite d'objets de l'époque de la pierre polie et de l'âge de l'ours.

Descendant rapidement entre le roc de Sédour et le rocher de Calamès, dont les ruines se distinguent mieux, on rejoint l'ancienne r. au village de Surba (**1.8**), situé dans la large vallée de la *Courbière*.

Remarquer, en arrière, les étranges formes qu'affectent les montagnes qui limitent cette vallée, et, à dr., la massive et sombre construction du *château Lacombe* ; pont sur la Courbière (**1**).

La descente, toute droite, s'accentue vers la vallée de l'*Ariège*. On longe un moment la *ligne de Toulouse à Ax*, puis on la traverse au passage à niveau de la gare de Tarascon.

De l'autre côté de la ligne (**1.8**), laisser à g. l'avenue

de la station et continuer devant soi. Deux cents m.
plus loin, laissant encore à g. un ch., non cyclable, vers
Foix (16), on tournera à dr. pour gagner le pont sur
l'Ariège, à l'entrée de Tarascon (●.4 — Ch.-l. d. c. —
4.485 hab. — Hôt. *Francal*).

Du pont, la vue est ravissante : à dr., sur la ville dominée par sa vieille tour ronde, qui sert de beffroi, la
vallée de l'Ariège et les montagnes ; à g., sur les gigantesques rochers de Sédour et de Calamès, ainsi
que sur les îles de la rivière en aval de Tarascon.

Nota. — Le cycliste, ne voulant pas descendre jusqu'à Foix,
qui préférerait continuer dans la direction d'Ussat-les-Bains et
d'Ax-les-Thermes, devra s'arrêter à Tarascon pour se reporter ensuite à l'itinéraire indiqué page 115.

Visite de la ville de Tarascon-sur-Ariège (environ
1/2 heure). — Suivre à dr. du café du *Cercle* une rue montante
qui, plus haut, par une petite rampe, atteint la porte de l'ancienne
ville, ou de Tarascon-le-Vieux. Plus loin, gravir la première ruelle
à dr., pavée de cailloux pointus, puis présentant quelques degrés.
On tourne ensuite à g. et, presque aussitôt, à dr. pour passer sous
un arc. D'ici, un sentier mène à la plate-forme sur laquelle s'élève
la tour ronde de l'ancien château de Tarascon-le-Vieux. Très belle vue.

En descendant de la tour, traverser à dr. une curieuse place bordée d'arcades ; passer, vis-à-vis, sous une ancienne porte fortifiée
et gagner la promenade du *Mazel-Vieil*, à dr., petite terrasse d'où
on a encore un beau point de vue.

De l'autre côté du pont, la r. de Foix traverse la ville,
en obliquant à g. On passe devant la place de la *Halle*,
ornée d'une fontaine avec colonne surmontée d'une
statuette en bronze, et on continue, sur la rive dr. de
l'Ariège, par une belle avenue de platanes légèrement
descendante.

Au delà d'un premier passage à niveau, on côtoie
pendant cinq cents m. la rivière ; puis on franchit une
seconde fois la ligne pour s'élever (Côte : 5') vers le
village de Bonpas (2.7), à l'embouchure du torrent
d'*Arnave*. Quatre cents m. plus haut, le ch. d'Arnave
(3.2) et de Cazenave (7.3) rejoint la r. de Foix.

On atteint une hauteur considérable au-dessus de la
vallée et de la voie ferrée en arrivant à Mercus (1.● —
Côte : 2'). Trois cents m. plus loin, on laisse à g. le ch.

d'Amplaing (1.5) et de Prayols (7) ; une nouvelle côte
(4') précède Garrabel (1.6).

La r. descend ensuite rapidement. A g., sur une
cime éloignée, sont juchés la tour et le village de Mon-
toulieu. On longe un rocher, tandis qu'à g. un mur trop
élevé, en guise de parapet, intercepte la vue de la
gorge de l'Ariège ; cependant un peu plus loin, à un
tournant, le mur s'abaisse et on jouit d'un panorama
magnifique sur le fond de la vallée et les montagnes
qui l'enserrent.

Au hameau de **Saint-Antoine (3.1)**, la r. de Perpignan, par Lavelanet (20.6), vient se confondre avec celle
de Foix. On passe au-dessous de la station de Saint-
Paul-Saint-Antoine, ensuite sous la voûte de la ligne.

On franchit le torrent du *Scios* au village de Montgaillard (1.9), situé au pied d'une montagne conique
surgissant isolée dans la plaine. La r., bordée de jeunes
platanes, descend en pente douce ; à dr. se détache
(2.6) le ch. de Soula (7.9) et de Roquefixade (13.7).

Pittoresque arrivée vers Foix (Ch.-l. du dép. de
l'Ariège — 7.568 hab.) avec la jolie vue de son pont sur
l'Ariège et de ses trois donjons, plantés au sommet d'un
rocher, dominant toute la ville.

S'arrêter devant l'entrée du pont, à dr., à l'hôt. recommandé *Rousse-Benoît* (1.7).

Visite de la ville de Foix (1 h. 1/2 environ). — L'église
paroissiale. — Le Palais de Justice ou Château des Gouverneurs
(M.   de l'Ariège). — Les tours de Foix. — La promenade des
Al   — Statue de Lakanal.

Pour mémoire. — De **Foix** à **Saint-Girons**, *V.*, en sens
inverse, page 106.

De **Foix** à **Perpignan**, par Lavelanet, Belesta, Quillan et
Saint-Paul-de-Fenouillet, *V.* en sens inverse les itinéraires des
pages 170, 167, 164 et 161.

De **Foix** à **Toulouse**, par Labarre (4), Saint-Jean-de-
Verges (2), Varilhes (4 — Hôt. *Artail*), Sarda (4), **Pamiers**
(5 — Ch.-l. d'arr. — 11.343 hab. — Hôt. *Catala*), (Salvaire (5),
Le Vernet (2), Saverdun (6 — Hôt. *Dalgail*), Les Baccarets (10),
Anterive (6 — Hôt *Marquié*), Viviers (5), Dussède (2), Le
Vernet (2), Pinsagu   , Portet (2) et Toulouse (10 — *V.* page 172).

PYRÉNÉES ORIENTALES

DE FOIX A AX-LES-THERMES

Par Montgaillard, Garrabel, Mercus, Bonpas,
Tarascon-sur-Ariège, Sabart, Ussat-les-Bains,
Sinsat, Aulos, Les Cabannes, Albiès, La Remise,
Lassur, Luzenac et Savignac.

Distance : 41 kil. 600 m. *Côtes :* 3 h. 37 min.

Nota. — Route fatigante, montant presque continuellement.
Le cycliste qui a déjà fait la partie de route comprise entre
Tarascon-sur-Ariège et Foix, aura tout avantage à prendre le
train qui part de Foix à 4 h. 30 du soir et arrive à Tarascon vers
5 h. Il évitera ainsi de refaire une seconde fois la même route et
de gravir les côtes qu'elle présente en remontant la vallée.

La gare de Foix est située à quatre cents m. de l'hôt. *Rousse,* à
dr., sur la route de Pamiers.

À la descente du train, à Tarascon, la route vis-à-vis la gare,
conduit directement au pont de Tarascon (0.5). Avant le pont, se
détache à dr. la route d'Ussat-les-Bains et d'Ax-les-Thermes. De
l'autre côté du pont, se trouve à dr. l'hôt. *Francal,* dans le cas où
on ferait étape à Tarascon.

Sur l'itinéraire de Foix à Ax-les-Thermes, on pourrait encore
s'arrêter une journée à Ussat-les-Bains pour visiter la *grotte de
Lombrive* (*V.* page 116).

De Foix au pont de Tarascon-sur-Ariège (15.5 —
Côtes : 1 h. 30'), *V.*, page 113, l'itinéraire de *Massat* à
Foix, en sens inverse.

De l'autre côté du pont, la r., à g., longe l'Ariège pendant quelques m.; puis, inclinant à dr., traverse un faubourg de Tarascon, dans le voisinage d'un haut-fourneau. On franchit le passage à niveau de la *ligne de Foix à Ax* et, un peu plus loin, l'*Oriège*, rivière descendant de l'étroite vallée de Vicdessos; un raidillon.

Après le pont, au hameau de Sabart (1.3), se détache à dr. le ch. de Laramade (7.5) et de Vicdessos (13.2). La r., s'élevant au-dessus de la voie ferrée, s'engage dans un étranglement de la vallée que bordent d'arides montagnes. Descente de cinq cents m. pour rejoindre le niveau du ch. de fer. A dr. et à g., remarquer les rochers des deux montagnes percés de nombreuses grottes. La r., en forme d'avenue, passe devant les *Thermes Sainte-Germaine*, à dr., et la station, à ., pour atteindre l'hôt. de *France* (2.3), celui-ci situé vis-à-vis le pont qui conduit au parc d'Ussat-les-Bains.

Nota. — Ussat-les-Bains, modeste petite station thermale, dont les eaux réussissent dans le traitement des névroses, ne possède en fait de promenades que son parc, planté de beaux arbres, su. la rive dr. de l'Ariège, rivière ici resserrée dans un assez étroit defilé rocheux. Dans le parc on trouve une chapelle, quelques hôtels, un café, le *Grand établissement*, ainsi que les bureaux de la Direction des thermes.

La principale curiosité d'Ussat est sa **grotte de Lombrive**, une des plus belles et des plus vastes des Pyrénées. La visite complète de la grotte (2 fr. par personne: s'adresser à l'hôt. Pujol, sur la r. de Tarascon, à trois cents m. de l'hôt. de *France*) demande environ 4 h. aller et retour. On y monte de l'hôt. Pujol (30') par un sentier tracé au milieu d'éboulis de rochers. L'accès de la grotte est facile; on pénètre à l'intérieur jusqu'à une profondeur de deux mille m. en traversant toute une série de magnifiques salles, ornées de nombreuses stalactites et stalagmites.

La r. passe au pied d'un chaos de roches éboulées de la *Pique de Baychon*, puis ondule fortement (Côte : 4'). Après avoir franchi un torrent, au lit pavé de mauvais cailloux, on descend pour traverser la voie ferrée avant le village de Sinsat (4.3). Rampe légère à celui d'Aulos (1.5).

On passe sous la voûte du ch. de fer, et, par une courte montée, assez raide, on gagne le pont du ruisseau d'*Aston*.

Ici, la vallée de l'Ariège, élargie, laisse voir à g. l'entrée du vallon de Verdun. Après le bourg des Cabannes (**1.5** — Ch.-l. de c. — 502 hab.), on rejoint le bord de la rivière. La rampe s'accentue (Côtes : 2', 2' et 7'); bel entourage de montagnes. On contourne un monticule rocheux sur lequel s'élève une croix. Au delà d'Albiès (**2**), jolie vue à la descente. Se méfier d'un autre lit de torrent encore pavé; plus loin, hameau de La Remise (**1.4**).

La r. dépasse une petite propriété avec tourelle (Côte : 8'). A g., au sommet d'un mont isolé, apparaissent les ruines du *château de Lordat*, les plus importantes du comté de Foix; dans la même direction, se dresse à l'horizon le pic *Saint-Barthélemy*.

Une côte très dure (7') précède Lassur (**1.4**); elle est suivie d'une descente rapide ramenant au niveau de l'Ariège. Après le pont sous la ligne, on laisse à dr. la station de Luzenac-Garanou.

Plus haut (Côte : 6'), dans Luzenac (**2.2** — Hôt. et café *Espy*), se détache à g. la r. de Prades (20 2), par le col de Marmare (*V.* page 126). Traverser à dr. le pont sur le ch. de fer pour continuer par la r. d'Ax. On passe devant une fabrique de talc; côte (8'). Paysage pittoresque de la vallée qui se resserre; à g., entrée du vallon d'Unac. Au-dessous de la r., la ligne du ch. de fer franchit deux viaducs. Nouvelle côte dure (8'), ensuite descente pour traverser un passage à niveau et l'Ariège. Fortes ondulations (Côtes : 3', 6' et 2'); on longe une fabrique d'acétylène. Le terrain s'aplanit pendant dix-sept cents m. dans le beau bassin de Savignac, borné à l'horizon par trois plans successifs de magnifiques montagnes.

Après Savignac (**0.1**), la r. s'élève de nouveau (Côte : 4') et franchit un torrent ; à dr., du côté opposé de la vallée, la *cascade de Nagear* s'échappe d'un ravin boisé. On passe devant la station d'Ax précédant les premières maisons d'Ax-les-Thermes (Alt. : 710 m. — Ch.-l. de c. — 1.609 hab. — Eaux réputées contre

le rhumatisme, la scrofule et les maladies de la peau).
S'arrêter quelques m. plus loin, à g., à l'hôt. *Boyé* ;
ou, en traversant un petit pont à dr., à l'hôt. de *Bordeaux*, dans la rue *Gaspard Astrié* (**?.?** — Café du
Grand Cercle).

Visite de la ville d'Ax-les-Thermes (environ 1 h.). —
L'esplanade du Couloubret (musique deux fois par jour). — Les
thermes du Couloubret. — L'église Saint-Udaut. — Pont sur
l'Ascou (à dr.). — Place du Breilh (à dr., thermes du Modèle ; à g.,
hôpital Saint-Louis et grand lavoir à eau chaude). — Rue du Coustou.
— Les thermes du Teich. — Rampe de l'avenue Turrel (à g.). —
Rue du Cournil (à dr. jusqu'au pont sur l'Ariège). — De l'autre
côté du pont, suivre le ch. montant à dr., en bordure du parc des
thermes du Teich, ensuite le premier ch. à g. ; puis, toujours à g.,
gravir le rocher isolé sur lequel s'élève une petite tour surmontée
d'une statue de la Vierge. Redescendre de la butte par le même ch. ;
mais, aux premières maisons, continuer à descendre le ch., à g.,
bordé du télégraphe, pour traverser l'Ariège vis-à-vis une ancienne
porte ogivale de la ville. Etant passé sous la porte, suivre à g. la rue
d'Encaralbou. — Place Pierre-Roussel (à dr.). — Rue Gaspard-
Astrié (à g.). — Rue Gatien-Marcailhou d'Aymeric. — Route de
Foix.

**Excursions recommandées au départ d'Ax-les-
Thermes.** — A la **forge d'Ascou** (12 kil., aller et retour ; ch.
muletier), sur la rive g. du torrent d'Ascou. — à l'ancienne **forge
d'Orlu** et à la **cascade de Gnolles** (17 kil. 600 m.,
aller et retour ; r. de voiture pouvant se faire en machine jusqu'à la
forge d'Orlu. Côte de dix-huit cents m. au départ d'Ax et courte
montée à Orlu. De la forge à la cascade, sentier de piétons), sur
la rive dr. de l'Ariège, par Orgeix (**2**), Orlu (**2**), la forge d'Orlu (**2**)
et la cascade de Gnolles (**0.2**). — au **plateau de Bonascre**
(Alt. : 1.370 m. ; à pied 4 h. aller et retour, — magnifiques
points de vue) en montant par le ch. des Bazerques jusqu'à la troisième Bazerque ; et de là, par le ch. forestier qui gravit en lacets
la montagne. Descente du plateau par la r. du génie militaire.
  Belles et faciles ascensions : du **Tute de l'Ours** (Alt : 2.259 m.
—9 h. aller et retour), par le plateau de Bonascre, — du **pic de
Tarbesou** (Alt. : 2.366 m. 8 h. ; aller et retour), par la forge
d'Ascou.

D'AX-LES-THERMES A BOURG-MADAME

Par Mérens, L'Hospitalet, le col de Puymorens,
Porté, Porta, Carol, Latour-de-Carol, Enveigt
et Ur.

Distance : **55** kil. **900** m. *Côtes :* **7** h. **10** min.

Nota. — Route très intéressante. D'Ax-les-Thermes au col de Puymorens, montée continuelle, longue de vingt-neuf kil. Ce parcours ne peut être fait presque entièrement qu'à pied. De plus, le mauvais état du sol, défoncé par le charroi du minerai de fer extrait de la mine de Puymorens, rend la marche elle-même très pénible. Le cycliste aura donc tout avantage à louer un *chareton* à Ax-les-Thermes, pour se faire conduire au sommet du col (prix : 12 f. s'adresser à M. *Sipra-Ignace*, commissionnaire, rue *Marcailhou* à Ax. On trouve des calèches, à un prix plus élevé, chez les loueurs de la localité). En partant le matin à 6 h., on arrivera vers 10 h. à l'Hospitalet, pour déjeuner. De l'Hospitalet au col, la voiture met encore 2 h. 1/2. Depuis la mine de Puymorens, la r. continue à monter pendant trois kil., six cents m., mais devient excellente comme sol. Du col de Puymorens à Porté, descente rapide en lacets. A partir de Porté, la pente va en s'adoucissant. Côte d'un kil. après Latour-de-Carol. Magnifique arrivée à Bourg-Madame, dans la vallée de la Cerdagne, sur la limite de la frontière franco-espagnole.

Nous engageons les touristes à parcourir cet itinéraire sans se laisser décourager par les six à sept heures de voiture nécessaires au départ d'Ax.

Si on désire visiter la république d'Andorre, c'est à l'Hospitalet qu'on trouvera chevaux et guides (*V.* page 120).

Dans le cas où on ne voudrait pas traverser le col de Puymorens, *V.*, pages 125 et 129, l'itinéraire d'*Ax-les-Thermes* à *Mont-Louis*, par Axat.

Quittant l'hôt. *Boyé*, on traversera la ville en montant (Côte, jusqu'au col de Puymorens : 7 h.) à g. la r. qui passe devant la promenade du *Couloubret*. A hauteur de l'église, traverser à dr. le pont sur le ruisseau d'*Ascou* et, de l'autre côté du pont, continuer à g., en laissant à dr. l'*hôpital Saint-Louis*.

Un peu plus haut, à l'angle de l'hôt. *Sicre*, la r. tourne brusquement à dr. et traverse un petit défilé rocheux, au pied du roc sur lequel s'élève la statue de la Vierge. Six cents m. plus loin, laissant à g. (0.9) le ch. d'Orgeix (2.5) et d'Orlu (4.5), on franchit à dr. le pont sur l'*Oriège*, et, après une courte tranchée, on rejoint la vallée de l'*Ariège*.

La r., très mal entretenue, remonte la rive dr. de la rivière, passe sous un pont rustique (1.8) et présente environ trois cents m. de plat. On franchit ensuite un premier pont sur l'Ariège (1.5) pour pénétrer dans une gorge sauvage. Remarquer une jolie cascade située entre le second et le troisième pont.

On dépasse quelques maisons abandonnées, au pied d'un éboulis de rochers (1.5); montée douce d'un kil. La gorge s'élargit; quelques maigres champs reparaissent au milieu de l'aridité générale; rampe adoucie pendant treize cents m. Traversant une dernière fois l'Ariège, on entre dans le bassin de Mérens, entouré de montagnes dénudées.

Après le village de Mérens (8) et le hameau des Bordes de Quérolas (8.5), la vallée devient de plus en plus aride, tandis que les montagnes ne dressent de toutes parts que des pics rocheux; terrain plat pendant un kil. environ.

La r., abominablement défoncée, s'élève par deux lacets sur les contreforts du pic d'*Auriol*. On passe devant la *cascade de Bésines* (4.7), précédant le village de l'Hospitalet (8.4). Ici, s'arrêter à l'hôt. recommandé *Soulé* pour déjeuner.

Nota. — Les touristes voulant visiter la **république d'Andorre**, petit Etat pyrénéen, qui s'intitule : *Vallées et souverainetés d'Andorre*, doivent partir de l'Hospitalet. Cette excursion demande de trois jours et ne peut être faite qu'à pied ou à cheval. Le premier jour, on va déjeuner à Saldeu et coucher à Andorra. Le second jour, on déjeune à La Seu-d'Urgel et on couche à Martinetto. Le troisième jour, on arrive pour déjeuner à Puigcerda (*V.* page 123).

On trouvera à l'hôt. *Soulé*, à l'Hospitalet, les guides et chevaux nécessaires pour l'excursion du val d'Andorre (prix, par jour: guide, 5 fr.; cheval, 10 fr.).

La r. de Bourg-Madame, tenue dans un état honteux de dégradation, attaque les lacets du col de Puymorens, sur les flancs découverts de la montagne. De tous côtés, les yeux n'aperçoivent que pics et vallons arides, au milieu d'éboulements de rochers. Au delà des lacets, on remonte encore pendant quatre kil. la haute vallée désolée de l'Ariège, avant d'entrer (4.5) dans le département des Pyrénées-Orientales. A dr., au-dessus de l'Hospitalet, s'ouvre la gorge sauvage où viennent se réunir les ruisseaux de *Baldarque* et du *Sisca*, au pied du pic de *Neressole*; sur la rive opposée, on voit le ch. muletier qui conduit en Andorre, territoire que limite l'Ariège près de deux maisons.

La r. franchit deux ravins, puis fait un coude. On tourne le dos au fond de la vallée, et bientôt on dépasse (3.4) le funiculaire de la *mine de Puymorens*. A partir d'ici, sans transition, le sol devient excellent.

Après la traversée d'un grand pâturage, parsemé de pierres, on arrive au **col de Puymorens** (3.6 — Alt.: 1.931 m.), situé dans un paysage grandiose, entre le pic de *Sabarthe*, à g., et le pic de *Font-Frède*, à dr.

De l'autre côté du col de Puymorens, descente sur le versant méridional des Pyrénées qui regarde l'Espagne. Deux cents m. en contre-bas du col, s'élève une maison de refuge servant de cantine (maigres approvisionnements). La pente, très rapide, conduit par de grands circuits vers la vallée de Carol; terrain irréprochable.

On passe devant le ravin de *Courtal* (4.3) dont le ruisseau forme une gracieuse cascade. La r. s'engage au-dessus du beau vallon de Font-Vive, dominé par le pic *Carlitte*; puis, tournant brusquement à dr., dans un couloir taillé dans le roc, laisse au pied des lacets le village de Porté (1.7 — Hôt. *Barnole*), à g.; région très intéressante.

Nota. — De Porté, on peut faire à pied la magistrale excursion-ascension du **pic Carlitte** (Alt.: 2.921 m. — guide nécessaire ; trajet long mais sans danger) par le vallon de Font-Vive, le **lac de Lanoux**, l'un des plus grands lacs des Pyrénées (longueur 3 kil. ; largeur, 500 m.), l'étang des Fourats et le col de Carlitte.

On traverse un court défilé en contournant le rocher que couronne la massive ruine de *Casteill*. Au delà d'un second petit défilé, apparaît à g. le village de Porta (**2.2**).

La descente s'adoucit dans la combe aride de Carol, longue de deux kil. et demi. On franchit une première fois le *Sègre de Carol* et, un kil. plus loin, on découvre les ruines des deux tours de Carol (**4**). Second pont sur le Sègre ; à g., village de Courbassil (**0.8**).

La vallée, ici très aride, resserrée entre de hautes montagnes, ne présente qu'un amas confus de rochers aux tons verdâtres. La descente cesse ; à dr. coule un petit canal d'irrigation.

Au delà de Rités (**2.9**), des prairies commencent à égayer le fond de la vallée. Celle-ci s'élargit aux abords de Latour-de-Carol (**1.8** — Hôt. *Puig*), gros bourg, laissé à dr.

La r. s'élève à flanc de montagne (Côte : 10°), en bordure d'un canal d'irrigation abrité sous des ormes. La verdure reparaît peu à peu, puis le paysage change complètement d'aspect. On débouche dans la fertile et large vallée-plaine de la *Cerdagne* qu'arrosent le *Sègre de Carol* et le *Sègre de Llivia* ; à dr., la petite ville espagnole de Puigcerda groupe ses maisons sur une colline dominant la plaine.

La r. monte doucement jusqu'à Enveigt (**2.2**), village qu'elle traverse en terrasse, offrant ainsi un panorama étendu sur toute la Cerdagne, limitée : au Nord, par le col de la *Perche* (*V.* page 134) ; à l'Est, par les montagnes du *Puigmal* et de la *Sierra del Cadi* et, à l'Ouest, par le massif des montagnes d'*Andorre*.

Depuis Enveigt, on descend vers la plaine ; pente douce, ensuite plus rapide en tournant à g. dans la direction d'Ur (**2.6**). On laisse à g. le gros de ce village ainsi que la r. montant aux Escaldes.

Nota. — La r. d'Ur à Mont-Louis (*V.* page 134) par les bains des Escaldes (**4**), Angoustrine (**3**), Targasonne (**6.3**), Odeillo (**4**), Bolquère (**5**), le col de la Perche (**1.5**) et Mont-Louis (**3.4**), mérite d'être signalée. Très fréquentée par les familles des Pyrénées Orientales et de la Catalogne qui se rendent à la petite station thermale des Escaldes (Hôt. à l'Etablissement — Eaux indiquées contre les névroses, les rhumatismes, les maladies de la peau), elle présente un passage fort pittoresque, entre Angoustrine et Targasonne, connu sous le nom de **chaos des Mauroux**. On monte presque constamment d'Ur à Targasonne et d'Odeillo à Bolquère. Du col de la Perche à Mont-Louis, *V.* page 131.

La r. franchit la *Raur*, rivière qui, un peu plus bas, sépare la France de l'Espagne ; puis, continuant tout droit, descend insensiblement et traverse des prairies, parfois ombragées ; à g., une grande villa carrée s'élève toute blanche.

Aux premières maisons de Bourg-Madame, passant entre la gendarmerie et les écoles, on rejoint la r. de Perpignan par Mont-Louis. Ici (869 kil. de Paris), tourner à dr. pour entrer dans l'unique rue de Bourg-Madame, (356 hab.), village situé sur le bord de la *Raur*, à la frontière franco-espagnole. S'arrêter à g. à l'hôt. du *Commerce* ou *Salvat* (**3.5**).

Excursion recommandée au départ de Bourg-Madame. — A **Puigcerda** (**3** kil., aller et retour — **2** h. environ — faire cette excursion à pied pour éviter les formalités de douane qu'entraînerait le passage de la frontière avec une bicyclette. — *V.* page 28).

Itinéraire : A la sortie de l'hôt. du *Commerce*, suivre à g. la rue de Bourg-Madame. A l'extrémité de la rue, on traverse le pont de la *Raur*, limite des deux frontières. Sur la rive g., poste de douaniers français ; sur la rive dr., poste de douaniers espagnols. La r., véritable avenue, conduit directement à Puigcerda (ancienne capitale de la Cerdagne — 2.000 hab. — Hôt. *Tixaire*) station estivale très fréquentée par les familles espagnoles.

Près de la ville, on incline à dr. pour gravir un raidillon en négligeant deux r. qui se détachent à g. Parvenu à la seconde de ces r., faire quelques pas à dr., et, devant le poteau à lampe électrique, tourner à g. entre deux murs. On pénètre en ville en passant sous une porte de l'ancien mur d'enceinte. Suivre devant soi la calle (rue) de la *Libertad* jusqu'à la plaza *Mayor* (1.5 de Bourg-Madame), celle-ci, entourée de maisons à arcades, est ornée de la statue de *Cabrinety*. Traverser la place et prendre, à dr. du *Circulo agricola mercantil* (cercle ou casino public), la rue qui conduit, à l'angle du bureau de poste, sur une petite place formant terrasse; vue magnifique sur la Cerdagne espagnole. Revenir à la plaza Mayor et suivre à g. la calle *Santa-Maria* menant devant l'une des entrées latérales de l'église paroissiale.

Ayant fait le tour de l'église, à g., on arrive sur une étroite place, plantée d'arbres, où s'élève un obélisque de marbre rouge en mémoire des défenseurs de la ville, tués en 1874.

Passant derrière l'obélisque, on aperçoit le Casino (Café, théâtre) et, à dr. du Casino, on se trouve sur la plaza de *Barcelona*. L'avenue à dr., à l'angle de la plaque indicatrice dorée, mène au bord d'un joli étang-lac, entouré d'une allée ombragée et de nombreuses villas.

Faire le tour de l'étang à dr.; au Nord, beau point de vue sur la plaine et le débouché de la vallée de Carol. Continuant le tour du lac, parvenu près d'un petit café en plein air, quitter le bord de l'étang et suivre l'avenue devant soi ramenant à la plaza de Barcelona. Sur cette place, prendre, vis-à-vis, la calle de la *Morera*. Celle-ci aboutit sur une autre place où s'élèvent, à g., l'ancienne caserne, bâtisse à trois rangées d'arcades, et une vieille église transformée en remise.

Au fond de la place, la rue à dr. ramène à la calle *Santa-Maria* et à la plaza *Mayor*.

Retour à Bourg-Madame par le même ch. qu'à l'aller.

D'AX-LES-THERMES A AXAT

PAR LE COL DE CHIOULA, LE COL DE MARMARE, PRADES,
CAMURAT, LE COL DES SEPT-FRÈRES, BELCAIRE, ESPE-
ZEL, BELFORT, JOUCOU ET MARSA.

Distance: **56** kil. **900** m. *Côtes :* **3** h. **90** min.

Nota. — D'Ax-les-Thermes au col de Chioula, côte très dure,
longue de neuf kil. sept cents m. Du col de Chioula à Prades, descente. Au delà de Prades, deux montées insignifiantes sont suivies
d'une côte de huit cents m., précédant le col des Sept-Frères. Depuis le col des Sept-Frères, la descente est continuelle, à l'exception
d'une courte montée après Espezel, et des dix-neuf cents m., en
rampe douce, qui terminent le parcours avant Axat.

Le cycliste qui voudra se ménager, pourra louer un *chareton* à
Ax-les-Thermes pour se faire conduire au sommet du col de
Chioula (prix : 6 fr. ; s'adresser à M. *Sipra Ignace*, commission-
naire, rue *Marcailhou*, à Ax.)

Au sortir de l'hôt. *Boyé*, traverser la ville en montant à g. (Côte, jusqu'au col de Chioula : 3 h.) la r. qui
longe la promenade du *Couloubret*. A hauteur de l'é-
glise, laissant à dr. le pont sur le ruisseau d'*Ascou*, on
continuera devant soi, en prenant, entre l'église et le
café de la *Paix*, la large avenue de platanes, longue de
trois cents m., qui mène à l'entrée de la r. de Prades.

Celle-ci gravit par quatre lacets le flanc de la montagne, et découvre une vue ravissante sur Ax, la vallée
de l'Ariège et les hauts sommets qui l'environnent;
quatre fois on franchit le petit ruisseau de la *Fouis*.

Parvenu au delà du quatrième lacet, abandonnant
(**9.6**) la r. de Niort (26.3) et de Quérigut (31), qui domine
le vallon d'Ascou à dr., on s'engagera à g. sur le ch.
rétréci de Prades; terrain médiocre jusqu'au col de
Chioula.

Des circuits très durs, suivis d'une rampe escarpée, conduisent sur l'étroit plateau d'Ignaux, adossé aux contreforts du roc de l'*Ocry-d'Ignaux*. On passe au-dessus d'Ignaux, petit village laissé à g.; puis le ch., atteignant une grande élévation, contourne l'angle du rocher de l'Ocry pour remonter le ravin solitaire d'*Ey-chenac*. Après avoir franchi le ruisseau, on pénètre dans la belle *forêt des Goutines*, et par six lacets, courts mais très raides, on atteint le **col de Chioula** (**7.1** — Alt.: 1.446 m.) sur un étroit plateau couvert de landes; beau panorama de la chaîne des Pyrénées, à dr., et de la vallée de Caussou, à g.

La descente s'effectue doucement, sur un sol meilleur, à travers des hêtraies; gracieux contours pour rejoindre, plus bas, la r. de Luzenac (17) à Belcaire, au **col de Marmare** (**2** — Alt.: 1.360 m.); continuer à dr.

On descend agréablement la vallée supérieure de l'*Hers* dont le fond bien cultivé, mais dénué de tout ombrage, contraste avec l'aridité des sommets environnants.

Le premier village rencontré est Prades (**2.4**); au delà, on traverse l'Hers, imperceptible, en laissant à g. (**1.4**) le ch. de Comus (2).

Le ch. de Belcaire, à dr., s'élève faiblement pendant un kil.; à g., on aperçoit le village de Comus, situé à l'entrée de la *gorge de l'Affrau*, où l'Hers se fraye un passage. Toute cette région est complètement dépourvue d'arbres.

Infléchissant à dr., le ch. décrit une courbe pour traverser un petit vallon découvert. Celui-ci est arrosé par un mince filet d'eau, qui actionne deux moulins, dans le voisinage d'un pont indiquant la limite (**1.8**) des départements de l'Ariège et de l'Aude.

De l'autre côté du pont, montée de sept cents m. (**4'**). Après une courte tranchée, la vue s'étend sur toute la contrée; à dr., le village de Montaillou s'étage sur une colline couronnée par un vieux donjon; petite côte (**2'**).

Près de Camurat (**1.1**), village à g. dans un pli de terrain, remarquer à dr. du pont un rassemblement de basses roches dont la curieuse disposition rappellerait des alignements de pierres druidiques. Dépassé le pont, se présente une côte de huit cents m. (10') pour atteindre le **col de Camurat**, ou des *Sept-Frères* (**0.8** — Alt. : 1.260 m.).

Descente par trois lacets rapides vers Belcaire, village qu'on aperçoit au loin, à l'entrée du plateau, dit *plaine de Sault*, environné de montagnes dénudées.

On laisse à dr. de la r. le bourg de Belcaire (**4.7** — Ch.-l. d. c. — 893 hab. — Hôt. *Antonin Maury*, dans l'intérieur du village), au pied d'un pittoresque rocher jadis défendu par un château fort.

Nota. — Si on déjeune à Belcaire, on devra quitter la **r.** à l'entrée de la localité, avant le pont, à hauteur de la *borne 24.2*, pour prendre à dr. un ch. qui descend, en laissant à g. le rocher et l'église de Belcaire. Plus bas, devant l'école, suivre le ch. montant à dr. entre deux maisons; puis continuer à descendre la rue à g. Dans cette rue, l'hôt. se trouve à dr., près de la place de la fontaine. Quittant l'hôt., on'suivra la rue en laissant à g. une maison avec arcades et une fontaine. On monte (4') et, à la bifurcation des ch., on contournera la terrasse d'un petit château avec tourelle, à g., pour regagner la r. de Quillan.

La r. de Quillan, bordée de frênes, descend doucement, entre des hauteurs boisées, à g., et le pic des *Sarrazins*, à dr., vers la plaine de Sault qu'environnent au loin des montagnes aux sommets arrondis; on dépasse (**4.6**) le ch. de Roquefeuil (1), à dr.

Huit cents m. plus loin, faire attention : abandonnant (**0.8**) la r. de Quillan (23.4), par le col de Portel (18.8), on prend à dr. le ch., bordé de peupliers, qui se dirige vers Espezel, village dont on aperçoit les maisons aux toits rouges.

Dans Espezel (**1.1**), ayant coupé une rue transversale (à g., hôt. *Limouzie*), continuer la rue montante (2') devant soi, à dr. de la fontaine. En dehors du village, on gravit (2') une colline précédant le bord de la profonde dépression de terrain creusée par la vallée du Rébenty.

Donner un dernier coup d'œil au paysage, avant de descendre les rapides lacets, à trois tournants dangereux, qui conduisent au niveau du *Rébenty*. Au bas de

5

la côte, en escalier, on rejoint le ch. de la vallée (**3.4**), vis-à-vis un rocher escarpé, surmonté d'une vieille tour.

Tournant à g., on descend en pente douce la délicieuse **vallée du Rébenty**, environnée de bois; à dr., petit château orné de tourelles, puis un moulin.

Après le village de Belfort (**2**), le ch. décrit de gracieuses sinuosités et côtoie le ruisseau qui arrose d'étroites prairies; à dr. (**1.2**), pont et ch. d'Aunat (5.5). On pénètre dans le **défilé de Joucou**; le ch., taillé dans le roc, est des plus pittoresques, sur une longueur de treize cents m. Au delà de trois petites galeries, à la sortie du défilé, la vallée s'élargit. Les pentes environnantes se déboisent; à dr., donjon ruiné de l'ancienne abbaye de Joucou, ce village (**3.4**) situé sur la rive dr. du Rébenty.

On passe entre deux énormes rochers aux formes étranges et aussitôt la verdure reparaît. Plus loin, les cultures remplacent de nouveau les bois, aux abords de Marsa (**6.2**). On traverse le Rébenty; descente plus accentuée par moments. La vallée se resserre en une gorge inculte et sauvage; on en suit les nombreux détours jusqu'à la r. de Quillan dans la vallée de l'*Aude* (**7.2**).

Ici, laissant à g. la direction de Quillan (10.6 — *V.* page 165), tourner à dr. et remonter la vallée de l'Aude. Neuf cents m. plus loin, la vallée faisant un coude brusque à dr., on laisse devant soi (**0.9**) le pont sur la rivière et la direction de Perpignan (63.4), par La Pradelle et Saint-Paul-de-Fenouillet (*V.*, en sens inverse, les itinéraires des pages 164 et 161), pour suivre à dr. la r. d'Axat et de Mont-Louis.

Celle-ci s'élève légèrement et atteint bientôt Axat (**1** — Ch-l. de c. — 454 hab.), village situé sur les deux rives de l'Aude, au pied d'un ancien château en ruine. S'arrêter à dr. à l'hôt. recommandé *Saurel-Labat* pour dîner et coucher.

D'AXAT A MONT-LOUIS

PAR GESSE, LES BAINS D'USSON, LES BAINS DE CARCA-
NIÈRES ET D'ESCOULOUBRE, FORMIGUÈRES, LE COL DE
CASTEILLOU ET LA LLAGONNE.

Distance : **56** kil. **400** m. *Côtes :* **5** h. **22** min.
Pavé : **2** min.

No... — Cette route monte presque constamment jusqu'au col
de Casteillou. La partie la plus pénible de la rampe est comprise
entre les bains de Carcanières et Formiguères. Le cycliste qui
voudra atteindre Mont-Louis sans trop de fatigue pourra trouver à
louer aux bains de Carcanières, chez l'un des deux meuniers, une
voiture jardinière (prix : 7 fr) pour se faire transporter jusqu'à
Formiguères.

Depuis Carcanières, longue rampe très dure, de onze kil. De
nombreuses montées précèdent Formiguères. Côte de quatre kil.
deux cents m. pour atteindre le col de Casteillou, ensuite descente
jusqu'à Mont-Louis.

Quittant l'hôt. *Saurel-Labat,* continuer à dr. la r. de
Mont-Louis. Celle-ci remonte en rampe douce la vallée
de l'*Aude* et décrit une courbe dans le bassin d'Axat,
avant de passer sous le beau pont viaduc de la *ligne de
Perpignan à Carcassonne.* Ayant traversé la rivière
(**2**), on pénètre dans le fameux **défilé de Saint-
Georges,** resserré entre deux gigantesques parois de
rochers, taillés à pic, qui ne laissent que l'espace nécessaire au passage de la rivière et de la r., sur une longueur d'un kil.

A la sortie de ce sombre couloir, se détache à g.
(**1.6**) le ch. de Sainte-Colombe (4) et de Roquefort (8).
La r., franchissant de nouveau la rivière à dr., ne cesse
plus de parcourir une série de gorges et de défilés magnifiques, tantôt boisés, tantôt sauvages, toujours inté-
ressants par la variété de leur aspect.

La montée s'accentue légèrement ; à g., confluent de la *Guette* avec l'Aude. On entre dans le bassin élargi de Gesse (**6.5**), village voisin d'une importante scierie ; rampe plus dure.

Après un nouveau défilé d'un kil. succède une longue gorge admirablement boisée ; côte de seize cents m. (20'). On traverse (**7.7**) le ruisseau de *Savanières*, venant rejoindre l'Aude dans une partie plus découverte de la vallée.

Un nouveau défilé, assez court mais très pittoresque, se présente (Côte : 13') ; au milieu, sont situés les *bains d'Usson* (**1.3**) installés dans deux maisons de mine peu engageante.

A la sortie du défilé, près de roches, curieusement taillées en pains de sucre, on laisse à dr. (**0.1**) le ch. de Rouze (2), dans la vallée de la *Bruyante*, et on passe sur la rive dr. de l'Aude ; belles ruines du *château d'Usson* couronnant un promontoire rocheux à dr.

La vallée infléchit à g., tandis que la rampe augmente (Côte : 10') en approchant des *bains de Carcanières et d'Escouloubre*. Ceux-ci, au fond de la gorge étroite du torrent, comprennent six petits établissements où on peut prendre des bains, des douches et boire des eaux thermales réputées contre le rhumatisme, les maladies de la peau et des voies respiratoires.

Attenants à ces établissements modestes, mais bien tenus, se trouvent deux hôtels très fréquentés pendant la saison. Dépassant l'hôt. *Esparre*, à dr. (**3.3**), on s'arrêtera, cinq cents m. plus loin, à g., après une courte montée (7'), au Grand Hôtel de *Roquelaure* (**0.5**) pour déjeuner.

La r. continue de remonter la rive dr. de l'Aude et passe devant les maisons formant le hameau des bains, la plupart étagées entre des bouquets de verdure sur les flancs rocheux qui resserrent la gorge.

· La rampe devient très dure pendant dix kil. sept cents m. (2 h. 1/2). On croise plusieurs ravins ; du premier s'échappe une mince cascade. La r. atteint (**3.2**) le commencement des deux grands lacets qui précèdent les longs contours par lesquels on gravit l'énorme ressaut de la vallée supérieure de l'Aude ;

traversée d'une belle forêt de hêtres pour gagner la maison isolée des cantonniers (**3.1**) située sur un petit plateau de culture.

Rentrée sous bois, la r. décrit de longs circuits, découvrant de magnifiques échappées de vue sur la vallée et les précipices qui l'environnent. On atteint ainsi une grande élévation au-dessus du profond ravin creusé par l'Aude ; à g., hameau de Carcanet (**3.3**), sur une étroite prairie.

Plus loin, au milieu d'une sapinière, large de quatre cents m., on retrouve (**3.1**) un sol à peu près plat, et, à la sortie du bois (**0.1**), on passe du département de l'Aude dans celui des Pyrénées-Orientales.

Après un premier pont sur un ravin latéral (**0.3**), la r., en corniche, se rapproche du niveau de la rivière ; au delà d'un second pont (**0.5**), laissant derrière soi les bois, on parcourt une gorge courte, mais aride, où la montée reprend. Côte de dix huit cents m. (28').

On trave... l'Aude (**0.9**), au confluent d'un ruisseau, dans le voisinage d'une ancienne forge et de paturages. C'est ici l'entrée du *Capcir*, vaste vallée-plaine en forme de conque, longue de seize kil. sur douze de large, couverte de champs et de prairies, entourée de montagnes boisées aux sommets arrondis. Rien n'égale la sensation de calme qu'inspire cette région, malheureusement dénuée de tout ombrage dans la partie inférieure.

La rampe s'accentue sur ce haut plateau de prairie, tandis que la r., s'écartant de la rive g. de la rivière, infléchit à dr. et va passer au-dessous de Puyvalador (**1.3**), village, à g., sur un mamelon.

Descente de six cents m. pour franchir (**1**) la rivière de *Galbe*, dont le vallon remonte vers Fontrabiouse, localité entrevue un moment à dr.

La r. continue à s'élever (20') en ligne droite sur l'immense plaine, sans abri ; à g., les villages d'Odeillo, de Réal et de Villeneuve, peuplent la rive dr. de l'Aude au pied des contreforts de la montagne.

Dans Formiguères (**3.5** — Côte : 9' — Aub. *Merlat*), jadis capitale du Capcir, la r., inclinant à g., passe devant l'église ; puis, hors du bourg, parcourt en biais toute la plaine en se dirigeant vers la *forêt de la Matte* (Côte : 3').

Descente légère ; on traverse la forêt, sur un espace de deux cents m. et, plus loin, deux plis de terrain (Côte : 2') ; dans le second, se cache à g. le village de Matemale.

Franchissant une dernière fois l'Aude au *pont de Conangles* (**4.1**), on atteint la base de la montagne du *Capuxet*. La r. s'élève à mi-flanc pendant quatre kil. deux cents m. (1 h.), dominant à dr. tout le Capcir, la forêt de la Matte et le village des Angles. On traverse pendant un kil. un bois de sapins, ensuite la vue s'étend, à dr., sur un immense et sombre manteau de forêts au-dessus duquel se dresse, dans le lointain, le pic conique de *Prigue*.

Au **col de Casteillou** (**4.2** — Alt. : 1.720 m.), à l'entrée du petit plateau incliné de la Quillanne, le panorama est encore plus beau sur les chaînes de montagnes, tant au Nord qu'au Sud, dans la direction des pics de *Prigue* et *Carlitte* et de la chaîne du *Puigmal*.

Descente très douce, pendant deux kil. environ, de l'étroit plateau de la Quillanne entouré de sommets boisés ; puis, après un vallon rocheux où la pente augmente, on découvre tout à coup vers la dr. le village de La Llagonne, avec sa vieille tour, le col de la Perche, qui sépare de la Cerdagne, et, vis-à-vis de soi, la partie supérieure de la vallée de la *Tet*.

On passe au-dessous de La Llagonne (**2**), tandis qu'à g. apparaissent les remparts de Mont-Louis. Plus bas, la r. franchit (**1.8**) le ravin sauvage de la Tet. dont la rivière baigne le pied de la forteresse, et vient rejoindre (**1.1**) la r. de Bourg-Madame à Mont-Louis (*V.* page 133).

Tournant à g., on passe au-dessous de la citadelle de Mont-Louis et on atteint, devant le cimetière, la porte de la ville (**0.8**).

De la porte de la ville à l'hôt. de *France* (**0.2** — Pavé : 3'), et pour la visite du Mont-Louis, *V.* page 134.

DE BOURG-MADAME A MONT-LOUIS

PAR HIX, SAILLAGOUSE ET LE COL DE LA PERCHE.

Distance : **31 kil. 600** m. *Côtes :* **3 h. 4 min.**
Pavé : **3 min.**

Nota. — Cette route, très bien entretenue, présente dix kil. huit cents m. de côtes entre Bourg-Madame et le col de la Perche. Du col de la Perche à Mont-Louis, faiblement ondulé.

Sortant de l'hôt. du *Commerce*, tourner à dr. A l'extrémité de la rue, laisser à g. la r. d'Ax, par laquelle on est venu, et traverser devant soi le pont sur le *Sègre*. La r. de Perpignan, bordée de peupliers pendant une courte distance, excellente comme sol, présente bientôt une première côte de dix-huit cents m. (25').

Dépassé le village de Hix (**0.9**), on s'élève à travers la vaste plaine déserte et sans ombrage de la Cerdagne française. Une brusque dépression de terrain occasionne une descente de quatre cents m. suivie d'une nouvelle côte de treize cents m. (15'); à dr., le village de Sainte Léocadie est environné de quelques arbres.

La r., légèrement aplanie, traverse un ruisseau; puis elle remonte (6') pour atteindre le bord d'une nouvelle profonde déchirure de la plaine; descente rapide de six cents m. Après un second ruisseau, petite côte (3'); ensuite, laissant à g. l'enclave espagnole de Llivia (12 kil. carrés), on descend doucement jusqu'à Saillagouse (**8.1** — Ch.-l. de c. — 548 hab. — Aub. *Planes*). Le village est situé au pied du large plan incliné, bien cultivé, qu'il faudra gravir pour passer du versant méridional sur le versant septentrional de la chaîne des Pyrénées.

Nota. — Saillagouse est le point de départ des ascensions faciles, mais un peu longues, du **pic de Fenestrelles** (Alt.: 2.826 m. — 10 h., aller et retour, guide indispensable) et du **Puigmal** (Alt. : 2.909 m. — 12 h., aller et retour, guide utile).

Dès qu'on a franchi le Sègre, la r. s'élève par de durs lacets pendant trois kil. huit cents m. (1h. 15'). A g., on aperçoit l'importante métairie de *Rondol*; la vue s'étend au loin sur toute la Cerdagne, tandis qu'à dr. une cassure abrupte coupe la plaine que limitent les hautes montagnes du *Puigmal*.

On atteint ainsi le *col Rigat* (**3.8** — Alt. : 1.468 m.) signalé par le passage, au-dessus de la r., d'une voûte supportant un canal d'irrigation. Traversée d'un plateau sauvage, parsemé de roches; ensuite une descente de cinq cents m., découvrant à g. le ravin du ruisseau d'*Angoust*, conduit au *pont d'Eyne*.

Cent m. plus loin, dépassé une maison de cantonnier (**3.3** — cantine), la côte reprend pendant trois kil. deux cents m. (1 h.); rampe en partie modérée. On remonte le petit vallon du ruisseau de *Bolquère* au gazon souvent couvert de rochers. Peu à peu les prairies s'étendent des deux côtés de la r.; à g., apparaît le clocher du village de Bolquère (**3**). Montée plus accentuée, pendant un kil., pour atteindre le hameau de la Perche, situé au **col de la Perche** (**1.3** — Alt. 1.577 m.)

Du col de la Perche à Mont-Louis, descente douce entrecoupée de légères ondulations. La r., contourne le petit bassin fertile, mais peu ombragé, où reposent les villages de Saint-Pierre, de La Cabanasse et de Planès, au pied d'une belle chaîne de montagnes dont les flancs, recouverts de sombres forêts, se terminent en cimes arides. A g. (**3.5**), r. d'Ax par Axat et Belcaire (*V*. page 129). On franchit un ruisseau dérivé de la *Tet*; puis, passant au-dessous de la citadelle de Mont-Louis, on atteint, devant le cimetière, la porte de la ville (**0.6**).

On entre à g. dans la petite ville forte de Mont-Louis, (Alt. : 1.600 m. — Ch.-l. de c. — 532 hab. — Pavé : 3') par la *porte de France* (deux ponts-levis). De l'autre côté de la porte, traverser la place *d'Armes* et, par la rue escarpée du *Général Meunier*, gagner la place *Joseph Blanc*. Sur cette place, s'élèvent à dr., le monument du *Général Dagobert*, l'église paroissiale et l'hôt. de *France* (**0.3** — Beaux points de vue du haut des fortifications).

Excursions recommandées au départ de Mont-Louis. — L'église de Planès (à pied, 11 kil., aller et retour).

Itinéraire : Au sortir de la ville de Mont-Louis, descendre, vis-à-vis la *porte de France* et à dr. du cimetière, le ch. conduisant au village de La Cabanasse (1.3). On traverse toute la plaine, entièrement dépourvue d'ombrage. A l'extrémité de La Cabanasse, prendre à g. le ch. de Saint-Pierre-dels-Forcats (1.2). De ce dernier village on gagnera Planès (3) par plusieurs contours après avoir franchi un profond ravin.

A Planès, visiter l'église, une des plus curieuses de France, comme construction, bâtie dit-on par les Arabes.

L'ermitage de Font-Romeu (à pied, 16 kil., aller et retour).

Itinéraire : A la sortie de la *porte de France*, suivre à dr. la r. de Bourg-Madame ; puis, six cents m. plus loin, abandonnant cette r. (0.9), prendre à dr. la r. d'Axat. en passant au-dessous de la citadelle de Mont-Louis. Après avoir parcouru quatre cents m., quitter la r. d'Axat (0.4) pour s'engager sur le premier ch. de voiture à g. Celui-ci gravit une prairie parsemée de pierres, traverse un petit pont, puis vient un moment en bordure du ravin de la *Tet*, qu'il domine. On pénètre alors dans une belle forêt de sapins qu'on ne quitte plus jusqu'à Font-Romeu.

Le ch. cesse d'être entretenu à partir de la *borne 3.2* (3.2) ; mais il n'y a qu'à suivre la trace des voitures. Successivement on traverse une grande clairière, ensuite deux plus petites précédant un pittoresque vallonnement, entouré de sommets boisés (2.2). Le ch. infléchit à g. et s'élève sur un monticule découvert ; belle vue des montagnes et des forêts environnantes. On rentre sous bois ; puis, à sa sortie, tournant à dr. (1), apparaissent devant soi les bâtiments de Font-Romeu, au bas de la r. descendante. Avant de s'y rendre, ne pas négliger de gravir à g. le *chemin de croix* qui conduit en quelques minutes au *Calvaire* (splendide point de vue sur toute la Cerdagne). Du calvaire, descendre à Font-Romeu (0.3).

L'ermitage de Font-Romeu, séjour très fréquenté par les familles du département, est situé au milieu d'un vallon solitaire et boisé. Trois corps de bâtiments, où on peut loger modestement, entourent une sorte de place à arcades. Dans l'un des angles se trouve la chapelle, but de pèlerinage pour les habitants de la région. Les paysans y affluent particulièrement à la Trinité, à la Saint-Jean, le 2 Juillet et le 8 Septembre.

DE MONT-LOUIS A VERNET-LES-BAINS

PAR FONTPÉDROUSE, OLETTE, JONCET, SERDINYA, VILLE-
FRANCHE-DE-CONFLENT ET CORNEILLA-DE-CONFLENT.

Distance : **35** kil. **400** m. *Côtes :* **1** h. **6** min.
Pavé : **3** min.

Nota. — De Mont-Louis à Villefranche-de-Conflent, descente continuelle ; quelques lacets rapides. De Villefranche-de-Conflent à Vernet, montée de cinq kil. et demi.

Le cycliste pressé qui préférerait se rendre directement à Perpignan, en négligeant le détour de Vernet, continuera l'itinéraire depuis Villefranche comme il est indiqué à la page 140.

La route, descendant constamment la vallée de la Tet depuis Mont-Louis, il est facile de se rendre en une seule étape à Perpignan ; toutefois on peut s'arrêter au besoin à Prades ou à Ille-sur-la-Tet.

La vallée de la Tet est très fréquentée l'été par les familles du Midi qui viennent y chercher la fraîcheur, ou faire des saisons dans les nombreux établissements thermaux des environs, tous modestes et bon marché.

A la sortie de Mont-Louis (Pavé : 3'), la r. de Perpignan, à g.. décrit deux lacets, contourne le rocher sur lequel s'élève la citadelle et descend rapidement au pont jeté sur la gorge sauvage de la *Tet* ; à g., hameau de Fetges (**1.8**). La r., dominant la profonde entaille creusée par le torrent, épouse tous les contours du flanc de la montagne et traverse un viaduc à trois arches jeté au-dessus du ravin de Sauto (**2.4**). Descente rapide, en colimaçon, formant trois étages à tournants brusques ; sur l'autre rive, apparaît le hameau de Saint-Thomas, à l'entrée du ravin de *Valaguer* (**2.5**).

On franchit un ruisseau descendant d'une haute fissure de roches ; tandis qu'à dr. la vue s'arrête sur une mince et longue cascade qui trace un ruban argenté le long de la montagne.

Après le village pittoresque de Fontpédrouse (**1.8** — Hôt. *Clerc*) et la petite chapelle de Saint-Paul (**1**), la r., se rapprochant de la Tet, s'engage dans les gorges qui précèdent le hameau de Thuès-de-Llar (**2.3**).

Nota. — De Thuès-de-Llar, on peut se rendre à pied à Thuès-entre-Vaills (5.5), sur la rive dr. de la Tet, à l'entrée des célèbres gorges de Carença. Si on est pressé, il suffira de parcourir ces gorges pendant un kil. pour avoir un aperçu du paysage impressionnant qu'elles offrent.

Au delà, en suivant le ch. qui longe le torrent, on atteint (6 h.) la curieuse région des lacs de Carença.

Dépassé Thuès-de-Llar, on traverse la rivière ; nouveau défilé. A dr., une petite grotte, voisine d'une minuscule cascade, renferme une chapelle dédiée à la Vierge. Un peu plus loin, une autre gracieuse cascade précède l'entrée (**2.2**) de l'*établissement de Thuès-les-Bains*, composé de deux corps de bâtiments adossés à la montagne (eaux dont les applications multiples s'emploient contre les rhumatismes, les névralgies, les maladies des voies urinaires, certaines affections des bronches. etc.). On revient sur la rive g. de la Tet.

La r., taillée dans le roc, monte (4') au milieu d'une gorge pittoresque ; puis, décrivant un demi-cercle dans un site très sauvage, passe sous un court tunnel (**0.9**). A la sortie du tunnel, se détache à dr. un ch. descendant aux *bains des Graus de Canaveilles*, cachés derrière les rochers, dans une étroite fissure (une seule maison — traitement des rhumatismes, maladies de la peau).

La gorge s'élargit et la végétation reparaît peu à peu ; à dr., belle entrée de la vallée de Nyer dont le ch. ne tarde pas à rejoindre (**2.8**) le nôtre.

Ravissante arrivée à Olette (**0.7** — Ch.-l. d. c. — 983 hab. — Hôt. *Gaillarde* ; café du *Commerce*), village situé au confluent des ruisseaux d'*Evols* et de *Cabrils*, dont les eaux réunies se jettent dans la Tet (Montée : 2').

Au delà d'Olette, la r., ombragée de platanes, à peu près plate, est tracée en terrasse ; elle domine la vallée mieux cultivée qui s'étend. A g., petite chapelle Saint-Antonin ; à dr., se dressent les tours ruinées du *château de Labastide*. Légères ondulations ; successivement on dépasse le hameau de Joncet (**2.2**) et le village de Serdinya (**1.2**).

Les montagnes se rapprochent ; cependant une échancrure, à dr. (**2.5**), permet d'entrevoir la belle vallée de Sahorre. Bientôt on distingue la citadelle suspendue.

au rocher, à g., au-dessus de la petite place forte de Villefranche-de-Conflent.

Ayant franchi la Tet, laissant à dr. (0.6) le ch. de Sahorre (7), on traverse les ouvrages fortifiés à la Vauban qui précèdent la ville. Dans Villefranche (0.3), ancienne bourgade à rue étroite, remarquer un vieux donjon, des maisons romanes et la tour crénelée de l'église.

À l'autre extrémité de la ville, dès qu'on a passé la première porte et le torrent du *Vernet* (0.3), s'ouvre à dr., sous une autre porte arrondie, le ch. conduisant aux bains de Vernet.

Nota. — Ici, le cycliste qui voudra continuer dans la direction Perpignan, devra se reporter pour l'itinéraire à la page 140.

Le ch. de Vernet, qui monte plus ou moins durement pendant cinq kil. et demi (1 h.), pénètre dans un étroit vallon; à g., les rochers présentent de curieuses aiguilles; et, à dr., leurs profils revêtent des formes singulières.

Bientôt la vallée s'élargit, tandis qu'à l'horizon surgissent les énormes contreforts du *Canigou*, entourées de belles montagnes.

La r., inclinant à dr., franchit (2.4) le ruisseau de *Fillols* et passe au-dessous du village de Corneilla-de-Conflent (0.2). Au delà d'une tranchée, après un pont en briques supportant un canal d'irrigation, on s'élève au-dessus de la vallée, celle-ci parsemée d'arbres fruitiers et de diverses essences.

Après le pont (0.6) sur le ruisseau de *Saint-Vincent*, voisin d'un haut fourneau, on traverse des taillis, ensuite un joli bois, tandis que la r., bordée de châtaigniers et de noyers, monte toujours.

À la sortie du bois, apparaît à g. le mont sur lequel est situé le vieux Vernet, dont les pittoresques maisons s'étagent au-dessous d'un antique château (aujourd'hui restauré), contigu à l'église. À dr., remarquer le bâtiment où viennent se décharger les bannes qui transportent, au moyen de câbles aériens, du minerai de fer extrait de mines éloignées; légère descente.

La r. contourne la base du mont et atteint la place principale de Vernet-les-Bains (1.8 — Alt. : 620 m. —

1.104 hab. — Eaux réputées contre les maladies des voies respiratoires et de la peau, les névralgies, les rhumatismes), plantée d'acacias et de platanes, et ornée d'une fontaine avec buste de la République.

Traverser cette place pour continuer par la rue vis-à-vis. On passe entre plusieurs cafés, à dr., et les *thermes Mercader*, à g.; puis, traversant le torrent du *Cadi*, laissant à g. l'*établissement des Thermes*, on atteindra, à dr., l'hôt. du *Parc* (**O.6**). Quelques m. plus loin, le parc de l'établissement des *Commandants* termine la rue.

Visite de la ville de Vernet (environ 1 h. 1/2). — Le parc. — Le Casino. — L'église paroissiale. — Le château du Vieux-Vernet.

Excursions recommandées au départ de Vernet. — Le Vernet, situé au pied des contreforts du mont Canigou, composé d'une réunion de pics dont les chaînes se subdivisent en plusieurs branches rayonnant autour de la cime principale, est un excellent centre d'excursions la plupart très faciles. Telles sont les promenades, à pied : à **Casteil** et à la **fontaine des Esqueyres** (1 h. environ, aller et retour), — à l'**abbaye de Saint-Martin du Canigou** (2 h., aller et retour), — à la **tour de Goa** (4 h., aller et retour), — à la **vallée de Sahorre** (3 h. 1/2; aller et retour), — aux **gorges de Saint-Vincent** et à la **cascade des Anglais** (4 h., aller et retour).

L'ascension du **Canigou**, pénible par sa longueur (7 h. 1/2 de montée et 4 h. 1/2 de descente), ne présente aucune difficulté. On peut même se rendre à cheval jusqu'à une heure environ de la cime (Alt. : 2.785 m. — vue splendide) et s'abriter durant la nuit dans une cabane voisine du signal géodésique.

Un guide est cependant utile et il faut emporter des provisions. L'itinéraire passe par le village de Casteil, les cols de Jou et du Cheval-Mort, la ferme des Randais, la maison forestière de Mariailles, le pont de la Llapoudère, le pla de Cadi, le Chaos et la Cheminée.

Un autre itinéraire, moins fatigant, permet de monter en voiture jusqu'au chalet-hôtel *Gardé* où on trouve de bonnes chambres et une table suffisante. Dans ce cas on passe par les villages de Corneilla-de-Conflent et de Fillols et la maison forestière de Balatg. Du chalet-hôtel *Gardé* au pic du Canigou, la distance à pied n'est plus que de deux heures.

On peut réunir l'ascension du pic du Canigou à celle du pic du Barbet, où la vue est considérée comme encore plus belle. Les deux cimes, distantes de deux kil. et demi environ l'une de l'autre, sont reliées par une grande arête.

DE VERNET-LES-BAINS A PERPIGNAN

PAR CORNEILLA-DE-CONFLENT, VILLEFRANCHE-DE-CON-
FLENT, RIA, PRADES, MARQUIXANNES, VINÇA, ILLE-SUR-
LA-TET, NEFFIACH, MILLAS, SAINT-FÉLIU-D'AMONT,
SAINT-FÉLIU-D'AVAILL ET LE SOLER.

Distance : **54** kil. **700** m. *Côtes :* **29** min.

Nota. — De Vernet-les-Bains à Villefranche-de-Conflent, descente continuelle. De Villefranche-de-Conflent à Perpignan, route
également descendante. Quelques petites montées insignifiantes
après Prades.

De Vernet-les-Bains à Villefranche-de-Conflent (5.6),
V., page 138, l'itinéraire de *Mont-Louis à Vernet-les-
Bains,* en sens inverse.

Ayant franchi la première porte de Villefranche, on
laisse à g. la ville pour traverser à dr. les ouvrages qui
font partie des fortifications. La r. descend insensiblement la vallée de la *Tet ;* à g., pont (0.4) conduisant à
la station de Villefranche.

On passe au pied d'énormes rochers, exploités comme
carrières ; à g., élégant viaduc du ch. de fer. Après
une voûte, la r. continue à peu près plate, puis monte
deux cents m. pour gagner la station de Ria ; à g.,
importante usine métallurgique ; les montagnes
s'écartent.

Descente assez rapide vers Ria (2.9) dont le gros du
village, de l'autre côté de la Tet, est curieusement bâti
en amphithéâtre sur un promontoire ; la vallée s'élargit.

La r. traverse le ravin du *Mardé*, parallèlement au
viaduc à cinq arches de la ligne du ch. de fer. Montée
de trois cents m. ; beau paysage. On descend ensuite
sous une avenue de platanes pour franchir (1.5) le
pont sur la *Taurinya ;* côte de deux cents m. (2').

A l'entrée de Prades (0.5 — Ch.-l.-d'arr. — 3.762
hab. — Hôt. *Januari* — Café *Normand*), se détache à
dr. le ch. de Taurinya (4.5). Quelques m. plus loin,

à g., une belle avenue, qui descend vers la Tet, mène, par Catillar (3), aux bains de Molitg (7 — Hôt. des *Thermes* — petite station thermale dont les eaux s'emploient dans les maladies de la peau, le rhumatisme, la scrofule).

Nota. — Le ch. de Taurinya conduit aux ruines de **l'abbaye de Saint-Michel-de-Cuxa** (2.6 — Côtes : 23'), les plus belles du Roussillon, si elles n'étaient gâtées par les empiètements successifs des métayers qui ont utilisé toutes les parties de l'église et de la maison abbatiale comme logement et grange à fourrage. De Saint-Michel-de-Cuxa on a une vue grandiose sur le massif du Canigou.

La sous-préfecture de Prades, plutôt un gros bourg, n'offrant aucun intérêt, on traversera cette localité (Montée : 2') sans s'y arrêter, à moins qu'on y déjeune.

A la sortie de Prades (1), la r. nationale, presque constamment bordée de beaux platanes, continue à descendre agréablement la vallée élargie de la Tet ; à dr., belle vue du Canigou.

On franchit (4.8) le ruisseau du *Lliscou* ; puis, deux cents m. plus loin, un petit gué (Côtes 3' et 1'). A g., les montagnes encore élevées restent arides, tandis que celles de dr. tendent à s'abaisser ; passage à niveau de Marquixannes (6.7). Ce village, sur un monticule, à dr., présente des restes d'enceinte fortifiée et entoure une église au très haut clocher.

La r. décrit un grand demi-cercle pour traverser le large ravin de la *Lentilla* (9.8). Elle s'élève ensuite (3' et 2') sur le promontoire qui précède une descente assez rapide vers le petit plateau de Vinça.

Dépassé Vinça (9 — Ch.-l. d₀ c. — 1.711 hab. — Côte : 4'), on descend encore jusqu'à la voûte du ch. de fer ; puis on gravit (1' et 3') l'arête dénudée qui sépare le bassin de la Lentilla de celui de la Rigarda ; descente coupée par un passage à niveau (9.8). La r., inclinant à dr., s'éloigne de la Tet. Vers la g., on aperçoit le village de Rodès, adossé à une montagne aride sur laquelle s'élèvent des ruines massives.

On traverse la *Rigarda* sur un beau pont en marbre rose (6.9) ; parallèle au viaduc du ch. de fer ; à dr., nouvelle vue du Canigou. Des plantations de vignes

commencent à apparaître; une côte (5'). A dr., grande
sablière; un peu plus loin, à g., petite *chapelle Sainte-
Anne*.

Après un nouveau passage à niveau (**9.7**), voisin de
la station de Bouleternère, village avec ruines d'un
château, situé à dr., la plaine s'agrandit; tandis qu'on
se rapproche de la rivière qui coule dans un fond verdoyant au milieu de nombreux arbres. On dépasse les
ruines d'un ancien couvent (**1.9**), au bord de la r., puis
on atteint Ille-sur-la-Tet (**1.8** — Hôt. du *Midi* — *Café
Glacier*), localité importante, jadis fortifiée, entre la
rive dr. de la Tet et la rive g. du *Boulès*.

La descente continue insensible à travers la plaine
fertile du Roussillon; à dr., les montagnes s'éloignent.
Successivement, on dépasse les villages de Nefflach
(**4.7**) et de Millas (**9.4** — Ch.-l. de c. — 2.460 hab.).
Dans ce dernier, se détache à g. la r. d'Estagel (13.6);
remarquer à dr. la porte fortifiée de la *ferme del Rey*.
Une légère montée précède le pont sur le Boulès, près
de l'embranchement (**9.7**) de la r. de Thuir (8) et d'Elne
(26.5), à dr.

Les montagnes disparaissent complètement à l'horizon
et la plaine s'étend très vaste. Après les villages de
Saint-Féliu-d'Amont (**1.5**), au donjon ruiné, et de Saint-
Féliu-d'Availl (**1.4**), on s'élève (3') sur un plateau qui
domine la large vallée; tandis que dans le lointain,
vers l'Est, apparaît la ligne bleuâtre de la Méditerranée dont la plage est encore éloignée de dix kil. de
Perpignan.

Au delà du dernier village du Soler (**4.9**), la plaine se
poursuit uniforme jusqu'à l'entrée du faubourg de Perpignan, en bordure de la Tet (**6.0**).

Lorsqu'on sera passé sous la ligne du ch. de fer, on
continuera le faubourg devant soi. Plus loin, longer la
promenade de la *Pépinière* jusqu'au rond-point orné
d'un monument surmonté du buste de *Lazare Escarguel*.
Ici, tournant à dr., suivre l'avenue jusqu'à la porte fortifiée de Perpignan (Ch.-l. du dép. des Pyrénées Orientales — 33.878 hab.) qui s'ouvre à g. Dans l'intérieur
de la ville, traverser la place de la *Banque*; puis, par
la rue de la *République*, la place *Bardou-Job* et la rue

du *4-Septembre*, à dr., on ira traverser le pont sur le ruisseau de la *Basse*.

De l'autre côté du pont, on se trouve sur la place *Arago* (**1.7**). Ici, tournant à g., suivre le quai *Sadi-Carnot* et s'arrêter au *Grand-Hôtel*, une des meilleures maisons de la région (**0.1** — Cafés de *France* ; de la *Loge*).—Atelier de réparations pour les machines : chez M. *Th. Estaing*, 27 et 42, rue *Mailly*.

Visite de la ville de Perpignan (environ 3 h.). — Partir de la place *Arago* (statue d'*Arago*), ayant le dos tourné au pont sur la *Basse*. A l'angle g. de la place, suivre la rue d'*Alsace-Lorraine*; à l'extrémité de cette rue, appuyant à g., traverser la petite place triangulaire *Laborie* ; puis, toujours à g., par la rue de *la Loge* on atteindra la place de la Loge, prolongement de la rue de la Loge élargie. Sur cette place sont situés : à dr., l'ancienne Bourse, ou *Lonja*, l'Hôtel de la Mairie (salle des Consuls) et le café de *France*, ce dernier occupant une des salles du rez-de-chaussée de la Lonja ; à g., le café de la *Loge*.

A l'extrémité de la place de la Loge, prendre à g. la rue *Louis-Blanc*. Elle conduit à la *porte Notre-Dame*, ou du *Castillet*, château-fort tout en briques rouges. Passer sous la porte et, ayant franchi le pont-levis, parcourir à dr. la *promenade des Platanes* plantée d'arbres magnifiques.

Revenir à la place de la Loge et suivre à g. l'étroite rue *Saint-Jean* qui mène sur la place *Gambetta* où s'élève la cathédrale Saint-Jean. A la sortie de cette église, on prendra à g., sur la place Gambetta, la rue *Fontfroide*, puis, presque aussitôt à dr. la rue des *Trois-Journées*. Plus loin, la rue *J.-J.-Rousseau*, à g., aboutit à la place de la *République*.

Longeant à g. la place, on passera devant le théâtre, et, parvenu à l'angle, on suivra à g. la rue du *Théâtre*. A l'extrémité de cette rue, tournant à dr. dans la rue de la *Halle-au-Blé*, on arrivera sur la place *Rigaud* (statue du peintre *Hyacinthe Rigaud*); continuer à g. par la rue *Saint-Sauveur*. Dans celle-ci, la quatrième rue à g., la rue du *Musée* conduit devant la grille de l'Université dont le bâtiment renferme la Bibliothèque, le Muséum d'Histoire naturelle et le Musée de peinture (public les dimanches, jeudis et jours de fête de 1 h. à 5 h.).

Sortant de l'Université, tourner à g., ensuite à dr. dans la rue *Saint-Jacques*. Dans celle-ci, la rue *D'en Calce* (la deuxième à g.) monte à la place du *Puig*. Ici, tourner à dr. et suivre la rue *Porte-Canet*. Après avoir dépassé une seconde place, quitter momentanément la rue Porte-Canet pour aller visiter l'église Saint-Jacques dont on remarque à g. l'élégant clocher en briques rouges.

Revenir à la rue Porte-Canet et la suivre à g. jusqu'à la porte de la ville. Franchir les quatre enceintes de la *porte Canet*, remarquables par leur système compliqué de défense, puis rentrer en ville.

Longer à g. le chemin intérieur des remparts et, plus loin, par la rue de l'*Arsenal*, gagner la *promenade de l'Esplanade*. Ici, tournant à dr., suivre les fortifications, en passant devant la citadelle (à l'intérieur, donjon ou château des rois de Majorque), jusqu'à la place de l'Esplanade.

A l'extrémité et à l'angle g. de cette place, près des fortifications, descendre à dr. la rue *Grande-de-la-Réal* menant à la place du *Marché-Neuf*. Continuer par la rue des *Augustins*, à g., et, à son extrémité, par la rue *Mailly*, à dr., dont le prolongement, la rue *Porte-de-l'Assaut* ramène à la place *Arago* en passant devant le Palais de Justice.

Excursion recommandée au départ de Perpignan. — La plage de Canet (22 kil. 300 m., aller et retour).

Itinéraire. — Pour éviter la traversée des ruelles escarpées de la ville, on sortira de Perpignan par la *porte Notre-Dame* ou du *Castillet*. De l'autre côté du pont-levis, franchir une grille à dr. et suivre la r. qui longe la *promenade des Platanes*, à dr. Au delà du square, après avoir traversé un petit pont, la r. infléchit à dr. et commence à s'élever légèrement. On contourne la partie fortifiée de la ville que domine le clocher de l'église Saint-Jacques. Laissant à g. un ch. secondaire, on atteint un embranchement (1.3) ; continuer à g. (Côte : 8').

Après avoir coupé deux ch., on rejoint (2.5) la r. venant de la porte Canet. Plus loin, se détache à g. (1.3), le ch. de Castell-Rossello (1), hameau situé dans le voisinage d'une tour ronde, isolée, visible à une très grande distance, sur l'emplacement de l'antique Ruscino ou Rosciliona d'où l'on a fait *Roussillon*.

La r. continue sans le moindre ombrage sur la plaine des Aspres. Dépassé le village de Canet (6), laissant à g. le ch. de Sainte-Marie (3), on descend légèrement à dr. pour gagner la plage de Canet (3.5 — Rest. *Calcine*) dont les bains sont très fréquentés par les Perpignanais.

Pour mémoire. — De Perpignan à Narbonne, par Le Vernet (3), Salses (12 — Hôt. *Jordy*), Fitou (10), Les Cabanes (8), Sigean (14 — Hôt. de *France*), Prat-de-Cest (12) et Narbonne (7 — Ch.-l.-d'arr. — 29.566 hab. — Hôt. de *France*).

De Perpignan à Foix, par Saint-Paul-de-Fenouillet, Quillan, Belesta et Lavelanet, *V.* les itinéraires des pages 161, 164, 167 et 170.

De Perpignan aux bains de **La Preste**, par Amélie-les-Bains, *V.* les itinéraires des pages 145 et 149.

De Perpignan à Port-Vendres, *V.*, en sens inverse, l'itinéraire de la page 159.

DE PERPIGNAN A AMÉLIE-LES-BAINS

Par Le Boulou et le pont de Céret.

Distance : **37** kil. **900** m. *Côtes :* **22** min.
Pavé : **5** min.

Nota. — Belle route offrant un parcours varié. En plaine jusqu'au Boulou, ensuite pénétrant avec la vallée du Tech, dite aussi du Vallespir, dans la région montagneuse. Quelques petites côtes sans importance. Le terrain laisse parfois à désirer pendant les dix premiers kil.

Partir de Perpignan de bon matin afin d'arriver pour déjeuner à Amélie-les-Bains.

Quittant le *Grand-Hôtel*, suivre à g. le quai *Sadi-Carnot*, puis longer la place *Arago*. Devant le pont sur la *Basse*, tourner à g. pour continuer par la rue de la *Porte-de-l'Assaut*, en passant devant le Palais de Justice et le collège. Prendre ensuite à dr. la rue du *Pont-d'en-Vestit*, et, au delà d'une voûte, la rue *Grande-Saint-Martin* (Pavé : 5') conduisant à la *porte Saint-Martin* par laquelle on sort de Perpignan.

Hors des fortifications (1), laissant devant soi la r. de Thuir (13), on continuera à g. par la r. du Boulou. Vingt-cinq m. plus loin, se détache à g. la r. de Port-Vendres par laquelle on reviendra à Perpignan.

La r. du Boulou, au début, bordée de superbes platanes, franchit le passage à niveau de la *ligne de Perpignan à Barcelone* (**0.8**); puis, légèrement montante, se déroule à travers les vignobles de la plaine du Roussillon. Petite côte (3') suivie de quelques ondulations; à g., aqueduc construit par un roi de Majorque.

On se dirige vers la chaîne des Pyrénées, apercevant :
à dr., le massif du *Canigou*, et, à g., les crêtes des
monts *Albères*. Des cactus bordent la r., à présent dé-
garnie d'ombrage.

A dr. se détache (**5.3**) le ch. de Pollestres (0.8) ; plus
loin, après avoir traversé la rivière du *Réart*, sans eau
pendant l'été, on coupe (**3.6**) la r. de Thuir (10.5) à
Elne (10.3), et, enfin, on laisse encore à dr. (**1.6**) le ch. de
Villemolaque (1.7), second village qu'on distingue à
peu de distance dans la plaine.

Rampe légère et petites côtes (2', 2' et 2') ; belle vue
des montagnes. A g., le village de Banyuls-dels-Aspres
apparaît sur un mamelon.

La r., descendant vers la vallée du *Tech*, décrit une
courbe vers l'Ouest et vient en bordure de la voie
ferrée ; elle la traverse sur un passage à niveau dans
le voisinage d'un ravin (Raidillon : 1'). Au delà d'un
second ravin, planté de vignes (Côte : 3'), on atteint le
gros village du Boulou (Hôt. *Lefèvre*), où se détache à
g. (**8.0**) la r. d'Espagne et la direction des *bains du
Boulou* (2.5 — V. page 155) ceux-ci au pied des *Albères*,
sur la rive dr. du Tech.

Dépassé la gare du Boulou, on continue à remonter
la fertile vallée plaine du Tech, parsemée d'arbres
fruitiers ; une côte (2'). Le paysage devient fort joli ; après
la gare (**4.3**) de Saint-Jean-Pla-de-Cors, on aperçoit à
dr. le magnifique château de la famille *Bardou-Job*, les
grands fabricants de papiers à cigarette ; tandis qu'à g.
les maisons blanches de la petite ville de Céret se
groupent au pied de la montagne.

La r. descend au hameau du Pont-de-Céret, où elle
laisse à dr. le ch. de l'ermitage de Saint-Ferréol (4.5 —
pèlerinage) et franchit le ravin du Tech sur l'antique
et pittoresque *pont de Céret* (**3.8** — Montée 1'),
parallèle au beau viaduc du ch. de fer. De l'autre côté
du pont, abandonnant devant soi la r. de Céret (1.2 —
V. page 154), on continuera la r. à dr. Celle-ci passe
sous la voie ferrée et remonte à présent la rive dr. du
Tech ; à g., station et **chemin de Céret** (**1**).

La r., tour à tour ombragée par des platanes ou des
marronniers, s'engage dans un étranglement de la

vallée, entre de gracieuses collines ; à dr. (1.1), remarquer le pont métallique du ch. de fer avec passerelle inférieure pour les piétons. On franchit le ruisseau de *Reynes* au hameau du Pont-de-Reynes ; à dr., le hameau du Villar espace ses habitations sur un versant planté d'oliviers ; petite côte (2').

Légère descente pour venir longer le ravin du Tech, dont la rivière arrose cette partie supérieure de la vallée appelée le *Vallespir*. Sur l'autre rive (4.4), le vieux village de Palalda est construit en amphithéâtre à la base d'un antique château. Devant soi, une colline, surmontée du *Fort-les-Bains*, domine Amélie et semble barrer la vallée.

La r. passe sous l'élégant viaduc en maçonnerie du ch. de fer, laisse à dr. un ancien pont, puis entre dans Amélie-les-Bains (Alt. : 243 m. — 1.738 hab. — Station d'hiver. — Eaux souveraines dans le traitement des affections des voies respiratoires, rhumatisme, goutte, gravelle, maladies de la peau) en longeant le mur de soutènement du parc de *l'établissement militaire*, à g. Ayant franchi le torrent du *Mondony*, suivre la rue *Nationale*, en laissant à dr. la rue du *Tech* qui conduit à la gare (0.8). Un peu plus haut, abandonnant (1.6) la rue Nationale, on montera à g. (4') la rue des *Thermes* jusqu'à la petite place *Pujade* (0.4), ornée de cinq platanes.

Sur la place Pujade, qui termine la rue, sont situés : à dr., l'hôt. et le café des *Thermes Romains* ; devant soi, l'hôt. des *Thermes Pujade*, et à g., au fond de la ruelle *Hermabessière*, l'hôt. *Martinet*, tous trois également recommadables.

Visite de la ville d'Amélie-les-Bains et de ses alentours (environ 2 h. 1/4). — Les thermes Romains. — Les thermes Pujade. — La gorge du Mondony (se faire indiquer le ch. à l'extrémité du jardin de l'hôt. Pujade ; à l'époque des basses eaux, on peut pénétrer dans la gorge, jusqu'à une distance de dix-sept cents m., au moyen d'une passerelle en bois suspendue au rocher, sur une longueur de deux cents m., et au delà, en traversant à pied sec le torrent au moyen de pierres disposées à cet effet). — Revenir à la place Pujade ; descendre à dr. la ruelle *Hermabessière*, puis tourner à g. devant l'hôt. Martinet. Quelques m. plus bas, traverser à dr. le Mondony sur un pont qui fait communiquer le haut de la ville avec le parc de l'établissement militaire ; remarquer à dr. la curieuse construction des thermes Pujade à sept étages superposés. De l'autre côté du pont, descendre à g. l'allée principale du parc, en longeant les bâtiments de l'établissement, et sortir sur la r. du Boulou. Ici, tourner à g., et, ayant franchi une seconde fois le Mondony, suivre la rue *Nationale*. Un peu plus loin, descendre à dr. la rue du *Tech* jusqu'au pont sur le Tech. Revenir à la rue Nationale qu'on suivra à dr. jusqu'à la rue des *Thermes*. Celle-ci, à g., ramène à la place Pujade en passant devant la Mairie et au pied de l'église paroissiale.

A dr. de l'hôt. des thermes Romains, la rue du *Fort* conduit par un ch. escarpé, qui passe sous un pont, au Fort-les-Bains, construit sous Louis XIV (Montée : 20'). À la bifurcation, continuer à dr. et, plus haut, près d'un petit col, gravir quelques marches. On croise une r. pour suivre à dr. le ch. du génie militaire qui conduit au fort (magnifique vue de la vallée du Tech). L'entrée du fort n'est autorisée qu'avec une permission du commandant de place, résidant à l'établissement militaire d'Amélie-les-Bains.

Excursions recommandées au départ d'Amélie-les-Bains. — Aux pittoresques villages de **Palalda** (à pied, 1 h. 1/2, aller et retour), — de **Montalba** (à pied, 3 h., aller et retour), — de **Montbolo** (à pied, 2 h. 1/2, aller et retour).

D'AMÉLIE-LES-BAINS A LA PRESTE

PAR ARLES-SUR-TECH, LE TECH, PRATS-DE-MOLLO ET SAINT-SAUVEUR.

Distance : 39 kil. *Côtes :* 3 h. 34 min. *Pavé :* 8 min.

Nota. — Ravissante route permettant de visiter le haut Vallespir, la vallée la plus méridionale de France. Montée presque continuelle. Les rampes, très dures, depuis Arles-sur-Tech, s'accentuent après Le Tech et surtout au delà de Prats-de-Mollo. Le sol est souvent détérioré depuis Arles-sur-Tech jusqu'à l'embranchement de la r. de Saint-Laurent-de-Cerdans.

Le cycliste, voulant se ménager, pourra profiter de la voiture publique, qui fait le service entre Arles et Prats-de-Mollo (départ d'Arles à 9 h. 1/2 du mat.; durée du trajet, 2 h. 1/4; prix, 2 fr.). Après avoir déjeuné à Prats-de-Mollo, on n'aura plus qu'à gravir les huit kil. qui séparent de La Preste.

De la place *Pujade*, descendre à la rue *Nationale* (0.4) par la rue des *Thermes*, et, à la rue Nationale, tourner à g. (Côte: 2').

La r. remonte la rive dr. du *Tech* et laisse à g. (0.7) le ch. stratégique du Fort-les-Bains. On longe la base de la montagne ; deux montées (2' et 2'). A dr., belle vue sur le massif méridional du *Canigou*. Après avoir traversé la rivière (1.5), puis le passage à niveau du ch. de fer, on arrive au bourg d'Arles-sur-Tech (1.8 — Ch.-l. d. c. — 2.270 hab. — Pavé : 4'), jadis la capitale du Vallespir.

Nota. — On ne peut passer à Arles-sur-Tech sans aller visiter le *cloître*, attenant à l'église paroissiale, qui, avec celui d'Elne (*V.* page 159), sont deux monuments archéologiques remarquables.

Le cycliste, près d'arriver à la place, laissera en garde sa machine au café *Touron*, à g., et se rendra, par une ruelle, vis-à-vis la r., à la place de la *Mairie*. Sur cette seconde place, gravir à g. les escaliers qui conduisent à l'église. Celle-ci est précédée à l'extérieur d'une chapelle ouverte où l'on voit les sarcophages des saints *Abdon* et *Sennen*. Dans l'intérieur de l'église, la porte latérale de g. donne accès au cloître.

Dans Arles, la r. tourne à dr. ; puis, hors de la localité, descend pour franchir le *Riuferrer*, affluent du Tech. Un peu plus loin, on laisse à dr. (0.8) le ch. de Corsavy (6).

La r., entourée de montagnes boisées, décrit de larges contours et continue de remonter la rive g. du Tech au milieu d'un paysage très varié d'aspect; on traverse (1.8) le ravin du ruisseau de la *Fou* dans le voisinage d'un hameau où sont situées une scierie et plusieurs maisons d'expédition de fruits.

Nota. — Ici, près de la Maison *Panis*, un sentier, à dr., conduit (20') à la curieuse **gorge de la Fou**, étroite fissure, profonde de cent soixante m. Si on désire la visiter, se faire accompagner par une personne du pays.

Après une courte tranchée, taillée dans le roc, légère descente. La région se couvre d'une végétation luxuriante; les prairies sont parsemées d'arbres fruitiers; montée (3'). Dans le voisinage du pont du *Pas du Loup*, se détache à g. (2.3) la r. de Saint-Laurent-de-Cerdans (7) et de Coustouges (12). La rampe s'accentue (Côte : 10'), tandis que la vallée se rétrécit en un défilé pittoresque, boisé d'aisines. Plus loin, quittant cet ombrage, on décrit une vaste courbe dans un cirque entouré de sommets plus découverts. A dr., sur le bord de la r., la *buvette des Platanes* (2.7) abrite une petite source d'eau vive.

La r., étant passée sous la voûte (0.8) d'un canal d'irrigation, découvre une superbe vue des montagnes, à des plans successifs, les dernières crêtes couronnées par les trois *tours de Cabrenc*. La vallée se rétrécit de nouveau; à g. (1.5), ch. de Serralongue (4). On arrive au hameau du Tech (0.9 — Café *Gineste*), au débouché du vallon de la *Coumelade*.

L'inclinaison de la rampe augmente dans la traversée du défilé que creuse le Tech; trois côtes (8', 9' et 8'). On franchit la rivière deux fois, puis le ravin de la *Figuière*

(4.1), avant d'entrer dans le bassin verdoyant de Prats-de-Mollo. Au loin, l'antique *tour de Mir*, située à plus de quinze cents m. d'altitude, domine un paysage fort beau.

Une nouvelle côte d'un kil. (15') précède Prats-de-Mollo (Ch.-l. d. c. — 2.446 hab.), petite place de guerre bâtie en amphithéâtre sur le penchant d'une montagne que défend le *fort de la Garde*. A g., s'ouvre le vallon du *Canideil* dans la direction de l'Espagne ; à dr., remarquer les bâtiments du *Sanatorium du Haut-Vallespir*, ce dernier merveilleusement situé comme séjour de cure d'air et de traitement contre la tuberculose pulmonaire.

Après avoir dépassé un faubourg (Pavé 2') et une promenade plantée d'arbres, on entre dans Prats-de-Mollo par la *porte de France*. Quelques m. plus loin, à la place de la *Mairie* (2.0), s'arrêter à g. à l'excellent hôt.-café-restaurant *Parisien* pour déjeuner.

Nota. — Prats-de-Mollo, déjà très fréquenté et appelé à beaucoup d'avenir, sera prochainement relié à Arles-sur-Tech par un tramway électrique. Cette station d'hiver constitue également un excellent centre d'excursions dans le haut Vallespir.

Les touristes qui séjournent à l'hôt. *Parisien* (bains dans l'hôtel), tenu par M. Pompidor, un des créateurs du pays, n'ont que l'embarras du choix pour les excursions à faire aux environs de Prats-de-Mollo. Parmi les plus recommandées nous rappellerons celle de **Camprodon**, petite ville espagnole où les Catalans viennent en grand nombre passer l'été, par le col d'Arrès (à mulet, 4 h. 1/2 à l'aller. Guide et mulet, 10 fr. S'adresser à l'hôt. Parisien), et la jolie ascension de la **tour de Mir** (guide et mulet, 5 fr.), située sur la montagne, à trois kil. de la ville.

Le cycliste, de passage, ne quittera pas Prats-de-Mollo sans visiter l'*église paroissiale*. Vis-à-vis l'hôtel, gravir les degrés d'une ruelle qui traverse deux étroites rues ; puis, étant passé sous une voûte, croisant une troisième rue, on continuera à monter les marches devant soi pour atteindre l'enceinte fortifiée qui entoure l'église (belle vue des meurtrières).

De l'église, en passant à dr. sous une série d'arceaux, on peut gagner une poterne de la ville et monter à dr. (10') au *fort de la Garde*, d'où on découvre un panorama encore plus étendu.

Au sortir de l'hôt. *Parisien*, continuer à traverser Prats-de-Mollo, à g. (Pavé : 2'). Après une seconde place, la rue, très étroite, conduit à la porte de la ville, s'ouvrant sur le ch. de La Preste.

Celui-ci, d'abord plat pendant cent m., monte ensuite très durement, et presque continuellement, jusqu'à La Preste (Côtes : 28', 10', 20,' 27' et 10').

On s'élève peu à peu vers une splendide région de montagnes, en remontant la rive g. de la vallée supérieure du Tech, au milieu d'un perpétuel changement de décor qui fait oublier la raideur de la côte.

Le premier hameau qu'on rencontre est Rossignol (1.8); à g., une profonde échancrure de la montagne permet d'apercevoir la tour de Mir, à une hauteur prodigieuse. Au delà d'un court défilé, précédé d'une légère descente, on débouche dans un site délicieux où la nature pyrénéenne apparaît dans toute sa beauté avec ses rochers, ses prairies et ses bois, au confluent d'un torrent qui descend du *Pla Guillem*, dans la direction des cimes très pittoresques qui bornent l'horizon au Nord.

Au delà du pont, on passe au pied du hameau de Saint-Sauveur (1.8). La rampe, pénible, élève le ch. à une grande hauteur au-dessus du Tech qui arrose de frais pâturages ; à g., remarquer les sommets rocheux dont les découpures ressemblent à des ruines.

Après le hameau de Gréfeuill (1.4), on franchit le ravin du même nom. Au détour suivant, l'église blanche et le hameau de La Preste apparaissent à dr., situés sur un promontoire qu'on contourne ; légère descente.

Le paysage devient plus sévère; on aperçoit le hameau de la Forge, au fond du ravin à g., puis, subitement, devant soi, les *bains de La Preste* dont l'unique bâtiment semble fermer ce vallon encadré de grandioses montagnes.

Le ch. de voiture passe en contre-bas et s'arrête à l'extrémité de la terrasse du Nouvel Établissement (2.9 — Alt. : 1.130 m. — Hôt., café et salles de lecture à l'Etablissement.— Eaux spécialement employées dans le traitement des maladies de la vessie, contre la gravelle, la goutte et les affections rhumatismales.)

Excursions recommandées au départ des bains de La Preste. — La **grotte de Can Britchot** et le **hameau de La Preste** (à pied 1 h. 1/2, aller et retour — guide pour la grotte à l'établissement).

Itinéraire : On gravit derrière l'établissement thermal un sentier en zigzags qui conduit au vallon et à l'entrée de la grotte de **Can Britchot** (20'). La grotte, qu'on peut facilement visiter (15'), se compose d'un étroit couloir menant au bord d'un puits. Deux échelles verticales en fer (30 marches) permettent de gagner le fond du puits, où de nouveaux degrés sont taillés dans le roc pour descendre plus bas. Un dernier étroit passage donne enfin accès à une salle assez spacieuse ornée de belles stalactites.

Vis-à-vis l'entrée de la grotte, si on traverse le ravin de Can Britchot, en suivant le sentier à dr., on atteint un petit col gazonné d'où on peut descendre au hameau de La Preste pour revenir ensuite aux bains par la r. de Prats-de-Mollo.

La ville espagnole de **Camprodon**, par le col Pragon (à mulet, 3 h. 1/2 à l'aller. Guide et mulet, 15 fr.).

L'ascension du **Costabona** (Alt : 2.464 m.; 5 h. à la montée, 2 h. 1/2 à la descente ; vue splendide ; excursion facile mais guide nécessaire; prix, avec mulet, 10 fr.) en montant par le col de Pal et en descendant par la métairie de Perafeu.

DE LA PRESTE AUX BAINS DU BOULOU

Par Saint-Sauveur, Prats-de-Mollo, Le Tech, Arles-sur-Tech, Amélie-les-Bains, Céret et Maureillas.

Distance : **49 kil. 900 m.** *Côtes :* **18 min.** —

Nota. — Route descendant continuellement jusqu'aux abords de Céret, à part quatre montées insignifiantes. De Céret aux bains du Boulou, route ondulée, quelques courtes côtes.

Si on doit déjeuner à Amélie-les-Bains, pour éviter la montée de la rue des *Thermes*, on pourra s'arrêter au restaurant *Combes*, situé à g. dans la rue *Nationale*.

De La Preste à Amélie-les-Bains (**31.6** à la rue des *Thermes*), *V.*, page 149, l'itinéraire d'*Amélie-les-Bains à La Preste*, en sens inverse.

D'Amélie-les-Bains au chemin de Céret (**7.1**), *V.*, page 146, l'itinéraire de *Perpignan à Amélie-les-Bains*, en sens inverse.

Parvenu à hauteur de la *borne 9.1*, quitter la r. de Perpignan, et prendre à dr. le ch. conduisant à Céret. On traverse le passage à niveau de la *ligne d'Elne à Amélie-les-Bains*, et, étant passé devant la station, on continue par l'avenue de la *Gare*, bordée de platanes et de marronniers. Cette avenue rejoint (**1**) la r. du Pont-de-Céret (0.8) à Céret ; ici, tourner à dr.

Après une courte montée (1'), on atteint le faubourg de la ville. De l'autre côté d'un pont qui traverse un torrent, on gravit (4') dans Céret (Ch.-l. d'arr. — 3.828 hab. — Hôt. du *Commerce*), situé à mi-côte sur le versant de la chaîne des *Albères*, la rue *Saint-Ferréol*. Celle-ci aboutit (**1**), à l'angle du *Grand Café*, au boulevard *Saint-Roch* tracé sur le pourtour de la vieille ville.

Nota. — Quoique sous-préfecture, Céret offre peu d'attraits. En prenant à dr. le boulevard Saint-Roch on arrive (1') à une petite esplanade plantée d'arbres; à g., une belle porte moyen âge, flanquée de deux tours, donne accès dans l'ancienne ville, composée de ruelles tortueuses.

Suivant à g. le boulevard Saint-Roch, cinquante m. plus loin, on continuera devant soi par la rue de *Maureillas* dans la direction de cette localité.

La r., ondulée, longeant les derniers contreforts des Albères, descend, traverse un ravin, puis gravit une première côte (3'). Une autre descente, assez rapide, en tranchée, précède une nouvelle montée. On débouche dans la plaine fertile du *Tech*, véritable jardin du Roussillon par l'abondance de ses arbres fruitiers. A dr., belle plantation de chênes-liége, au pied des montagnes couvertes de noisetiers. Pente douce suivie de légères ondulations.

Après une côte (3'), descente rapide pour traverser le torrent venant de la vallée de Maureillas; puis, par une rampe dure (4'), on atteint (5.4) le village de Maureillas. Aux dernières maisons, laisser devant soi une traverse qui va rejoindre (2.5) la r. d'Espgane (*V.* ci-dessous), et continuer à g.

La r., entre des vignes, descend agréablement vers la plaine pour aller s'embrancher (1.8), près d'un magnifique chêne-liége, sur la r. d'Espagne; tourner à g.

Nota. — Si l'on veut pousser jusqu'à la frontière, la r., à dr., remontant (Côte : 1 h. 1/4) la vallée du ruisseau de *Rome*, conduit au Perthus (6.9), curieux village coupé en deux par la frontière franco-espagnole.

On s'élève un moment (3'), ensuite une petite descente amène devant la grille de l'établissement des *bains du Boulou*, (1.2 — Hôt. et café à l'Etablissement).

Les bains du Boulou, au pied du *pic Estelle* et sur le bord de la plaine du Tech, quoique de modeste apparence, sont très fréquentés par les habitants des départements voisins. Les eaux, similaires à celles de Vichy, sont souveraines contre les affections du foie et de l'estomac, elles se prennent seulement en boisson.

DES BAINS DU BOULOU A PORT-VENDRES

PAR SAINT-GENIS-DES-FONTAINES, SAINT-ANDRÉ, ARGELÈS-SUR-MER ET COLLIOURE

Distance : **27** kil. **600** m. *Côtes :* **32** min. *Pavé :* **3** min.

Nota. — Route légèrement ondulée, plutôt descendante jusqu'à Argelès-sur-Mer; ensuite fortement accidentée. Trois côtes, longues de sept cents m., de treize cents m., et de sept cents m., suivies de descentes rapides, précèdent Port-Vendres. A l'époque des sécheresses, le terrain laisse souvent à désirer depuis Argelès. Entre Argelès et Port-Vendres, les magnifiques points de vue de la route rappellent la célèbre Corniche niçoise.

Au départ de l'établissement thermal, une courte montée, à dr., conduit à l'embranchement (**0.7**) du ch. d'Argelès-sur-Mer. Ici, abandonner la r. du village du Boulou (1.3) et continuer à s'élever doucement, à dr., sur le ch. d'Argelès-sur-Mer.

On longe le pied de la chaîne des *Albères*, dominant à g. la plaine du *Tech*. En arrière, belle vue des montagnes et du massif du *Canigou*; légère pente descendante. Le ch. se déroule au milieu des vignobles, parsemés d'oliviers et de chênes-liège; traversée de plusieurs torrents aux lits desséchés. Après le hameau d'Agouillous (**5.2**), où se détache à dr. le ch. de Montesquin (2.7), on aperçoit à g. le *château de Lagrange*.

La plaine s'étend très vaste, tandis qu'on s'écarte des montagnes. Dépassé le village de Saint-Genis-des-Fontaines (**2.5**), la cathédrale d'Elne (*V.* page 159) apparaît encore vers la g., dans le lointain. Descente, puis croisement (**2.2**) du ch. de Palau (2.5) à Sorède (2.5). Après le pont sur le torrent de Sorède, on entre dans le village de Saint-André (**0.5**).

Plus loin, ayant franchi le pont (**2.5**) sur la *ligne de Perpignan à Barcelone*, on rejoint (**0.6**) la r. de Perpignan à Port-Vendres; tourner à dr.

La r. traverse le large torrent de la *Massane* et atteint Argelès-sur-Mer (**0.5** — Ch.-l. d c. — 3.413 hab. — Hôt *Call*; Café du *Midi*), au milieu des fertiles campagnes Le bourg, situé à deux kil. et demi environ de la plage, n'offrant aucun intérêt, il n'y a pas lieu de s'y arrêter

Quinze cents m. plus loin, la Méditerranée, ainsi que les villas de la plage d'Argelès, se distinguent à g.; tandis qu'à dr., une des cimes avancées des Albères se couronne d'un antique donjon.

Après la voûte du ch. de fer, on gravit par une rampe courbe (10') des vallonnements plantés de vignes et de chênes-liège. Au sommet de cette première côte, vue magnifique sur la mer, la plage d'Argelès et la plaine du Roussillon jusqu'aux monts *Corbières*; à g., ruines d'une ancienne tour à signaux. Descente en se rapprochant de la mer et de la voie ferrée; on traverse un torrent.

Forte côte (15') pour atteindre une tranchée d'où on dévale rapidement vers la pittoresque petite ville de Collioure (**7** — Hôt. de la *Gare*) défendue par le fort *Miradoux*, à g., une citadelle, au centre de la ville, et le fort *Saint-Elme;* ce dernier, à dr., sur la montagne, commande Collioure et Port-Vendres.

Dépassant le port, où s'abrite une nombreuse flottille de bateaux de pêche, on s'élève de nouveau (6') sur la falaise pour gagner un plateau ondulé qui domine plusieurs petites criques creusés dans les rochers; points de vue admirables. Un dernier raidillon (1') précède enfin le vallon où se trouve à g. le cimetière de Port-Vendres; singulière apparition des monuments funéraires.

Descente rapide vers Port-Vendres (3.051 hab.) dont la rade et le bassin s'ouvrent entre le cap *Gros* et le cap *Béar.* Ayant dépassé à g. le quartier d'artillerie et une place, en contre-bas, ornée d'un obélisque de marbre, on atteint le pavé (3') du quai de la *Ville.* Presque à l'extrémité de ce quai est situé l'hôt. du *Commerce*, où on s'arrêtera (**2.9**).

Visite de la ville de Port-Vendres (environ 1 h.). — Le quai de la Ville (à g.). — Quai et place de l'Obélisque. — Quai de la Quarantaine jusqu'au fort, avec phare, de la rive g. — Traverser en barque (50 c.) l'entrée du port et se faire conduire à l'extrémité de la jetée. — Revenir par la route de la rive dr. — Curieux brise-lames en maçonnerie; longue tranchée suivie de deux tunnels taillés dans le roc, au-dessous de deux forts. — L'établissement de bains de mer. — L'ancienne citadelle, avec beffroi, de la presqu'île. — Quai de la Douane. — Quai et place Castellane. — Quai de la Ville.

Excursion recommandée au départ de Port-Vendres.
— A Banyuls-sur-Mer (14.4, aller et retour; Côtes : 1 h. 19';
terrain souvent détérioré).

Itinéraire : A la sortie de l'hôt. du *Commerce*, suivre à dr. le
quai de la *Ville* (Pavé : 2'), puis tourner à g. sur le quai *Castellane*. Derrière les magasins des *Paquebots-poste* de la ligne d'Al-
gérie, au pied du double escalier qui conduit à la place Castellane,
gravir la rampe à g. (Côte : 15'). Cinquante m. plus loin, près d'une
scierie, abandonnant la r. de la gare, qui se dirige à dr., on suivra
à g. le ch. escarpé de Banyuls ; vue d'ensemble de Port-Vendres,
aux maisons blanches et symétriques, de la rade et du port.

Le ch. tourne, on aperçoit: à dr., sur la hauteur, le fort *Saint-
Elme* et, au sommet de la cime la plus élevée, la tour isolée de
Madaloth ; à g. la colline rocheuse du cap *Béar* est surmontée
d'un phare de premier ordre. On franchit la ligne du ch. de fer au-
dessus d'une profonde tranchée. De tous côtés, des vignobles, qui
produisent les vins les plus renommés du Roussillon, tapissent le
flanc des côteaux abrupts.

Descente rapide dans un ravin débouchant près d'une crique où
sont situées les importantes *usines de Paulilles* pour la fabrication
de la dynamite (3.5).

Une nouvelle côte (17') élève à travers une région sévère, où les
vignes basses, alternant avec des plantations d'oliviers, s'abritent au
pied de l'imposante crête qui supporte la tour de Madaloth ; puis on
descend vers l'anse de *las Elmes* en longeant les rouges bâtiments
d'un *Sanatorium* pour les enfants assistés de la ville de Paris.

Dépassant une seconde anse, une dernière courte montée (6'),
d'où on aperçoit la gare du ch. de fer, dans une tranchée à dr.,
conduit au début d'une descente en colimaçon, très rapide et dangereuse. Celle-ci traverse la partie haute du bourg de Banyuls-sur-
Mer, petit port de pêcheurs, célèbre par les vins qui portent son
nom.

On laisse à dr. la r. de la gare et on atteint, au bas de la côte,
le bord de la mer et la place de la ville (3). Continuant à dr. à
longer la baie, on passe devant plusieurs villas pour gagner, au
delà d'un ruisseau, la plage du *Fontaulé* (0.7), où se trouvent situés deux établissements de bains et l'hôt. *Gineste*. A côté, s'élève
le *Laboratoire Arago* pour l'étude des animaux marins ; on y visite
l'aquarium, ouvert tous les jours, sauf le Lundi, de 8 h. à 11 h. et
de 1 h. à 5 h.

La r. de voiture s'arrête à Banyuls-sur-Mer. Ensuite, il existe
seulement un sentier muletier pour pénétrer en Espagne.

Retour à Port-Vendres par le même ch. qu'à l'aller (7.2 — Côtes : 5' 17' et 19').

DE PORT-VENDRES A PERPIGNAN

Par Collioure, Argelès-sur-Mer, Elne et Corneilla-del-Vercol.

Distance : **21** kil. *Côtes :* **24** min. *Pavé :* **6** min.

Nota. — Route accidentée entre Port-Vendres et Argelès-sur-Mer ; ensuite presque entièrement plate jusqu'à Perpignan. A l'époque des sécheresses, le sol, très poussiéreux, laisse beaucoup à désirer.

De Port-Vendres à Argelès-sur-Mer (**9.9** — Pavé : 3' — Côtes : 7', 2', 14', 2' et 7'), *V.*, page 156, l'itinéraire des *Bains du Boulou à Port-Vendres*, en sens inverse.

Cinq cents m. au delà d'Argelès-sur-Mer, se détache à g. (**9.5**) le ch. de Céret (*V.* page 154) par lequel on est venu. La r. de Perpignan, plate et bordée de platanes, se déroule à travers les grands vignobles de la plaine fertile du Roussillon ; à dr., ruines de l'ancienne forteresse de *Taxo-d'Aval* (**9.5**).

Un raidillon précède deux petits ponts (**1.9**) sur la *Riberette* ; des cultures variées, parsemées d'arbres divers, alternent à présent avec les vignes. Montée de deux cents m. (2') entre des touffes de roseaux ; à g., embranchement (**1**) du ch. de Palau-de-Vidre (**2.5**) ; puis on franchit immédiatement sur un beau pont la rivière du *Tech*, au large lit pierreux ; petite descente.

L'entrée dans Elne (**1.9** — 3,233 hab.), une des plus anciennes cités du Roussillon, jadis évêché, s'effectue par la rue *Nationale*.

Nota. — Parvenu à hauteur du café *Fosse*, s'arrêter et laisser en garde sa machine pour aller visiter la **cathédrale** et le **cloître** d'Elne (45'), deux curiosités archéologiques. Monter dans la ville haute, entourée d'une vieille enceinte bien conservée, par la ruelle du *Marché-aux-Herbes*, vis-à-vis le café

6

Fosse. On passe sous une porte fortifiée, et par la rue de la *Poissonnerie*, puis à-g., par les rues de *Sébastopol* et de la *Mairie*, on gagnera la place de la Mairie où s'élève la cathédrale. Dans l'église: une porte, à g., donne accès au *cloître*, d'une admirable élégance ; et un escalier, à dr., monte au *clocher* de la cathédrale, d'où on jouit d'un panorama merveilleux sur tout le Roussillon, de la mer au Canigou et des Corbières aux Albères (gratification, 50 c.).

Au delà d'Elne, la r., longeant à g. la voie ferrée, continue en plaine, entre des cactus et des aloès. Elle traverse le ruisseau de *l'Agouille de la Mer* et laisse à dr. le village de Corneilla-del-Vercol (**3.5**) avec son ancien château blanchi à la chaux ; légère montée de trois cents m.

On s'éloigne du ch. de fer pour traverser (**3.7**) le lit desséché du *Réart* ; rampe douce de cinq cents m. suivie d'une courte descente. La r., dépassant à dr. (**3.9**) un ch. qui conduit à la *porte Canet* (1.3), infléchit à g., ensuite descend au-dessous de la *citadelle* de Perpignan, à dr. On longe le cimetière de la ville avant de rejoindre (**1.9**) la r. de Perpignan en Espagne. Quelques m. plus loin, devant la r. de Thuir (13), s'ouvre à dr. la *porte Saint-Martin* par laquelle on entrera dans Perpignan.

Suivre la rue *Grande-Saint-Martin* (Pavé : 5') et, à son extrémité, vis-à-vis une fontaine avec bassin, passer à g. sous la voûte de la rue du *Pont-d'en-Vestit*. Continuer à g. par la rue de la *Porte-de-l'Assaut* aboutissant sur la place *Arago*. Devant le pont sur la *Basse*. longer la place à dr. et, par le quai *Sadi-Carnot*, gagner le *Grand-Hôtel* (**1**).

DE PERPIGNAN A SAINT-PAUL-DE-FENOUILLET

Par Le Vernet, Cases-de-Pène, Estagel et Maury.

Distance : **40** kil. **700** m. *Côtes :* **41** min. *Pavé :* **6** min.

Nota. — Cette route remonte insensiblement la vallée de l'Agly jusqu'à Estagel. Entre Estagel et Maury, la rampe s'accentue ; plusieurs petites côtes dont la plus longue mesure douze cents m. S'arranger pour déjeuner ou dîner à Saint-Paul-de-Fenouillet, les localités intermédiaires offrant peu de ressources.

A la sortie du *Grand-Hôtel*, suivre le quai *Sadi-Carnot* à dr., et, ayant dépassé la *Préfecture*, franchir à g. le pont fortifié sur la *Basse*. De l'autre côté du pont, sortir de la ville par la *porte Magenta*, à dr. Traversant une petite place, on continuera par la rue de la *Tet* vis-à-vis (l'avé : 6').

Après un faubourg, on atteint le hameau du Vernet (**9.6**), à la bifurcation des r. de Narbonne (60) et de Bayonne ; prendre cette dernière à g.

On traverse la voie ferrée (**1**), puis on s'élève insensiblement à travers la fertile *plaine de la Salanque*, malheureusement dépourvue d'ombrage ; dans le lointain, à g., se dresse le massif du mont *Canigou*.

La r. contourne le mamelon (**9.4**) sur lequel a été érigée une colonne commémorative de la bataille gagnée par les Français sur les Espagnols, le 17 septembre 1797 ; à dr., se détache (**0.6**) le ch. de Rivesaltes (2.5), petite ville dont les vins muscats sont très réputés. Six cents m. plus loin, on coupe (**0.6**) le ch. de Rivesaltes (2.5) à Peyrestortes (0.5) et à Baixas (4).

Au delà du passage à niveau de la nouvelle *ligne de Quillan* (**2**) et du ch. d'Espira-de-l'Agly (**1**), localité laissée à dr., on se rapproche des montagnes pour pénétrer dans la vallée de *l'Agly*. Celle-ci, creusée entre deux chaînons d'une grande aridité, est dominée, à dr., par la tour de *Tautavel*.

Au village de Cases-de-Pène (2.6), situé sur un promontoire, la r. passe sous la ligne du ch. de fer et longe un moment le lit torrentueux de l'Agly, en décrivant une forte courbe au pied de rochers; petite côte (3'). Après une courte tranchée, on parcourt une région resserrée entre des collines dénudées aux tons rougeâtres. La rampe s'accentue (3'); ensuite une légère descente, en bordure de la rivière, mène à l'entrée du gros village d'Estagel (8.7), patrie du célèbre *F. Arago*. Traverser cette localité par l'avenue de *Perpignan*, la grande rue *d'Alsace-Lorraine*, la place *Arago* et l'avenue de *Maury*.

Dépassé les dernières maisons d'Estagel, la r. franchit le large cours, souvent à sec, de l'Agly, près de son confluent avec le ruisseau de *Maury*, au milieu d'un bassin étendu, entouré de petites montagnes pelées aux sommets arrondis. Plus loin, on traverse (2.7) le ruisseau de Maury, dont on suit la rive dr. jusqu'au village du même nom.

La r., toute droite, sans ombrage, s'élève (4') à travers une plaine plantée de vignes et de rares oliviers; ensuite elle ondule légèrement. Des montagnes, aux roches arides, bordent la vallée; à dr., remarquer une curieuse cime en forme de dent. Une petite rampe précède un passage à niveau (6.4).

Après Maury (1.2), on pénètre plus avant dans la région que les *monts Corbières* limitent à dr.; la rampe s'accentue et les côtes se succèdent (2', 10' et 2') sur une série de mamelons, recouverts de vignobles, entre deux longues chaînes de rochers. Une descente de quatre cents m., suivie d'une courte côte (2'), conduit à un nouveau pont sur le ruisseau (5.9).

Forte côte de douze cents m. (15') pour quitter le bassin du ruisseau de Maury, où vient se jeter un dernier torrent qu'on traverse parallèlement au viaduc (0.4) du ch. de fer.

Au sommet de la côte, on aperçoit Saint-Paul-de-Fenouillet (Ch.-l. de c. — 2.880 hab.); tandis qu'à g., une étroite entaille dans la chaîne rocheuse indique le passage de la rivière de l'Agly, à travers le petit *défilé de la Fou* (V. page 163).

A la bifurcation, vis-à-vis une croix en fer (●.●), continuer par la r. à g. pour descendre rapidement vers Saint-Paul-de-Fenouillet, par le faubourg *Saint-Pierre*, la place *Neuve* et la rue *Traverse Nationale*, à g. Dans cette dernière, se trouvent situés : à g., l'hôt. et le café *Saint-Pierre-Baille* et, un peu plus bas, à dr., place du *Terrier*, l'hôt. *Tisseyre* (●.5), deux maisons également très recommandables.

Excursions recommandées au départ de Saint-Paul-de-Fenouillet. — Le pont de la Fou (3 kil. 200 m., aller et retour), en prenant à g. de la r. nationale, vis-à-vis la place du *Terrier*, la rue dont le prolongement, le ch. de Saint-Martin et de Saint-Arnac, conduit au curieux petit *défilé de la Fou*, long de deux cents m., à travers lequel l'*Agly*, coupant la montagne, au Sud, s'est frayé un étroit passage avant de pénétrer dans une vallée sauvage.

L'ermitage de Saint-Antoine-de-Galamus (10 kil., aller et retour), en prenant à dr. de la r. nationale, de l'autre côté de la porte de la place du *Terrier*, la rue *François-Arago*. Celle-ci traverse tout le bourg, par la place du *Chapitre*, et aboutit sur la place du *Marché*. Ici, tournant à g., au fond de la place, on suivra à dr. la rue *Saint-Antoine*, et, à son extrémité, à g., la rue de l'*Aude*. Il n'y a plus ensuite qu'à continuer le ch. qui conduit vers la gorge profonde de l'*Agly*, à travers la chaîne située au Nord de Saint-Paul-de-Fenouillet. On arrive ainsi par des lacets audacieux, taillés dans le vif du roc, au *Désert de Saint-Antoine*, voisin de l'ermitage, avec chapelle construite dans une grotte. Cette excursion est une des plus fréquentées du Roussillon.

DE SAINT-PAUL-DE-FENOUILLET A QUILLAN

PAR CAUDIÈS-DE-SAINT-PAUL, LA PRADELLE, LE COL DE
COMPERIÉ ET BELVIANES.

Distance : **33** kil. **900** m. *Côtes :* **46** min.

Nota. — De Saint-Paul-de-Fenouillet à Caudiès-de-Saint-Paul, montée peu sensible, terrain presque plat. Entre Caudiès-de-Saint-Paul et le col de Comperié, deux kil. et demi environ de côtes assez dures et une rampe douce de deux kil. Du col de Comperié à Quillan, descente continuelle, pente modérée. Traversée des magnifiques gorges de l'Aude.

A la sortie de Saint-Paul-de-Fenouillet, la r. descend traverser l'*Agly*; puis, toute droite, va franchir (**1**) le pont de la *Boulzane*, dont les eaux viennent se confondre avec celles de l'Agly, près du *défilé de la Fou* (*V.* page 163); à g., apparaît très distinctement la profonde coupure de cet étroit passage.

On remonte doucement la rive dr. de la vallée de la Boulzane, en longeant, à g., la base de la longue crête de la *Couillade de Vente-Farine* et du *Roc-Rouge*; faibles ondulations, deux petites côtes (3' et 2'). La r., bordée de jeunes platanes, parcourt une région où diverses cultures remplacent peu à peu les vignobles et atteint le pont de Bec-Nègre (**7.3**), sur le ruisseau de *Fenouillet*; à g., le village de Fenouillet est situé à l'entrée de deux vallons arides, dominés par les ruines du *castel Sabarda*.

Après Caudiès-de-Saint-Paul (**3.7**), une côte de sept cents m. (8') précède le petit *col de Sega* (Alt.: 387 m.)

auquel succède une courte descente. On côtoie la Boulzane entre des montagnes plus rapprochées et moins nues. Montée de trois cents m. (3').

On passe du département des Pyrénées-Orientales dans celui de l'Aude (2.4); ici, une rampe douce de deux kil. conduit au village de La Pradelle (2.4) où on traverse la Boulzane descendant du vallon de Puilaurens, à g. De ce côté, sur un roc isolé, se dressent les ruines d'un château féodal.

Trois cents m. plus loin, la r. franchit le ruisseau de *Magnac*, puis en remonte la rive g. (Côte : 30') pour gagner le petit **col de Comperié** (2.5 — Alt.: 534 m.). Descente du ravin d'*Aliès* qui rejoint la vallée de l'*Aude*, encaissée entre les hauts rochers du *Sarrat de Cavaillère* et du *pic d'en Brosse*.

Ayant traversé le pont sur l'Aude, on laisse à g. (2.2) la r. d'Axat (*V*, page 128), et, neuf cents m. plus bas, encore à g. (0.9), le ch. de Marsa par la vallée du *Rébenty* (*V*. page 128). C'est ici que commencent les fameuses gorges de l'Aude, longues de cinq kil., qui, au delà du village de Saint-Martin-de-Teissac (2.1), prennent le nom de **défilé de Pierre-Lis.**

La r., tracée en corniche au-dessus de la rivière, domine les nombreux travaux d'art de la ligne du ch. de fer, sur la rive dr., et passe sous deux galeries (1.8). A g., une grotte profonde s'ouvre dans le roc ; tandis qu'à dr. de gigantesques parois, taillées à pic, enserrent ce lieu sauvage.

Un dernier petit tunnel, plutôt une arche, forme la porte (1.4) du défilé que gardent, à dr., de colossales tranches rocheuses hérissées en pointes menaçantes.

On débouche dans un bassin, entouré de montagnes encore bien dénudées, mais qui paraît souriant au sortir du sombre couloir qu'on vient de traverser.

La route passe au-dessous du village de Belvianes (1.8), puis dans le voisinage d'importantes scieries. La vallée s'élargit et devient très fertile ; grande production de fruits. Laissant à g. la station de Quillan (2.6), cent m. plus loin, suivre la r. du milieu qui incline à dr. On contourne Quillan (Ch.-l. de c. — 2.411 hab.) pour arriver au croisement (0.4) de la rue principale du bourg, à dr., et de la r. de Foix, par Lavelanet, à g.

Ici, tourner à dr. dans la rue de Quillan et s'arrêter, trente m. plus löin, à g., au Grand Hôtel recommandé des *Pyrénées* (cuisine et conserves alimentaires renommées).

Excursion recommandée au départ de Quillan. — Le cycliste, disposant d'une journée, pourra faire une charmante excursion dans la **forêt des Fanges**, une des plus belles de la France. La Sapinière, le Quartier de la Serre, le Col de Saint-Louis, les abords du Pavillon des Gardes (rafraîchissements), en sont les parties intéressantes.

Le moyen le plus pratique pour visiter la forêt des Fanges est de la parcourir en voiture. S'adresser pour la location à l'h. des Pyrénées.

Pour mémoire. — De Quillan à Carcassonne, par Pont-de-Charla (2), Campagne-sur-Aude (4), Couiza (5 — Hôt. *Siau*), Alet (7 — Hôt. des *Bains*), **Limoux** (9 — Ch.-l. d'arr. — 6.371 hab. — Hôt. *Pigeon*), Cépie (6), Rouffiac-d'Aude (6), Madame (5), Villalbe (2), Marquens (1) et Carcassonne (4 — Ch.-l. de dép. — 28.235 hab. — Hôt. *Bernard*).

DE QUILLAN A BELESTA

PAR LE COL DE PORTEL, NÉBIAS, PUIVERT, LE COL DE BABOURADE, LE COL DEL TEIL ET BELESTA.

Distance : 37 kil. 400 m. Côtes : 3 h. 35 min.

Nota. — Cette route présente deux longues côtes : la première, au sortir de Quillan, pour gravir le col de Portel, mesure cinq kil. quatre cents m. ; la seconde, après Puivert, pour atteindre le col de Babourade, mesure trois kil. sept cents m. Le reste du parcours est en descente douce et agréable. Quitter Quillan de très bon matin pour éviter la chaleur à la montée du col de Portel.

On ne peut s'arrêter pour déjeuner qu'à Belesta. Le cycliste qui, après avoir visité la fontaine intermittente de Fontestorbes (*V.* page 169), préférerait continuer sa route, pourra faire convenablement étape à Lavelanet (*V.* l'itinéraire suivant, page 170).

Quittant le *Grand Hôtel des Pyrénées*, on tournera à dr. pour traverser, trente m. plus loin, la r. de Carcassonne (51), par Limoux (27), à dr., et gravir aussitôt, devant soi, la r. de Foix.

La montée du col de Portel, longue de cinq kil. quatre cents m. (1 h. 30'), s'effectue sur le flanc d'une montagne au pied de laquelle alternent les vignes et les oliviers. Cette végétation disparait bientôt pour faire place à une extrême aridité. La r., alors dépourvue de tout ombrage, décrit deux grands lacets au-dessus du bassin de Quillan, entouré de hauts sommets; elle domine à g. le ravin du ruisseau de la *Canalette* et le village de Ginoles, celui-ci doté d'un établissement thermal assez fréquenté (traitement de la dyspepsie).

On atteint le **col de Portel** (5.4 — Alt. : 585 m.) près de la bifurcation, à g., de la r. de Belcaire (23.4), et d'une cabane de refuge, à dr. Descente douce vers le haut plateau de Nébias, en découvrant à dr. la large vallée de Brenac, dont le ruisseau va se jeter dans l'*Aude*, en aval de Quillan ; légère montée.

Au delà de Nébias (3.8), l'agréable pente reprend à travers le bassin qu'arrosent divers ruisseaux descendant des sommets boisés de g. La région, au sol d'abord ingrat et pierreux, se fertilise peu à peu. On passe (5.5) entre le hameau de Camferrier, à g., et une colline à dr., que couronnent les ruines d'un important château ; de ce côté, une chapelle est dédiée à Notre-Dame-de-Bon-Secours. La r. infléchit à dr. et gagne le village de Puivert (1.5).

Ici, laissant à dr. le ch. de Chalabre (8.5), on traversera le pont sur la rivière du *Blau*, pour gravir la rampe (55') du col de Babourade. A dr., petit calvaire et hameau d'Arnoulax (0.7) ; à g., jolie vue sur la contrée qu'on vient de parcourir et les ruines du château de Puivert. Après un taillis de jeunes chênes, se détache à g. (2.9) le ch. d'Espezel (12.9), et, cent m. plus haut, on atteint le **col de Babourade**, ou de Puivert (0.1 — Alt. : 645 m.).

Descente douce ; la vue s'étend à dr. sur les vallons bien cultivés du *Riveillou* et, au delà des montagnes, vers les plaines ondulées de l'Aude ; hameau des Bordes (0.8).

Pénétrant dans la *forêt de Belesta*, qui boise les pentes du *roc de l'Homme-Mort*, à g., on passe (1.7) du département de l'Aude dans celui de l'Ariège ; à dr., de pittoresques collines sont également couvertes de bois touffus.

La descente s'accentue légèrement au sortir des bois pour arriver au petit *col del Teil* (1.4 — Alt. : 595 m.). Ici, le paysage change complètement avec le joli panorama de la vallée de *l'Hers* et des montagnes de l'Ariège qui s'étendent devant soi, tandis que le massif du pic *Saint-Barthélemy*, aux cimes rocheuses, borne l'horizon à g.

On dépasse les deux hameaux Del Teil (0.8) et de La Borde-de-Belesta (0.8) ; puis une belle avenue de platanes, qui franchit l'Hers, à l'entrée du bourg, conduit sur la place du village de Belesta (9 — 2.235 hab.), vis-à-vis le café et l'hôt. *Delpech*.

**Excursion recommandée au départ de Belesta. —
La fontaine intermittente de Fontestorbes** (2 kil.,
aller et retour; on peut s'y rendre en machine, terrain plat).

Itinéraire: A l'angle de la place de Belesta, prendre à g. la rue
qui conduit sur la place de la *Halle*. Traverser celle-ci, à g. ; puis,
par une autre rue, à dr., franchir le pont sur l'*Hers*. De l'autre côté
du pont, suivre la r. à dr. A l'extrémité du village, laissant à g. la
r. montante d'Espezel (16.3), continuer à dr. par celle de Fougax
(4) qui remonte la vallée de l'Hers. Dépassé une scierie et un petit
pont, négligeant un ch. particulier, à dr., continuer la r. à g. Au
delà d'une seconde scierie, la vallée se rétrécit et on longe un canal
d'alimentation. La r. décrit quelques sinuosités et atteint bientôt,
près d'un pont, l'angle d'une haute paroi de rocher à g. Ici se trouve
une table en pierre, abritée par quatre platanes, voisine de la grotte
(1.5) d'où s'échappe le petit torrent qui forme la curieuse fontaine
intermittente de Fontestorbes.

Le phénomène de l'intermittence dure exactement une heure.
L'eau monte pendant trente minutes, puis descend autant de temps.
Durant cette dernière période, on peut s'avancer dans l'intérieur de
la grotte au moyen d'une main courante en fer qui borde une ran-
gée de rochers sur lesquels il est possible de passer à pied sec
quand l'eau est basse. A dix m. environ de distance, apparaît à dr.,
au-dessous d'un pont naturel à ciel ouvert, la fissure du rocher par
laquelle l'eau jaillit. Cependant il ne faudrait pas trop s'attarder à
cet endroit car le torrent croît très rapidement et on risquerait de
prendre un désagréable bain de pieds.

DE BELESTA A FOIX

PAR LAGUILLON, LAVELANET, NALZEN, CELLES, SAINT-
PAUL-DE-JARRAT ET MONTGAILLARD.

Distance : **35** kil. **300** m. *Côtes :* **1** h. **2** min.

Nota. — Cette route, qui présente une côte de deux kil. cinq
cents m., après Laguillon, est encore assez accidentée entre Laguillon et Nalzen. Sur ce dernier parcours, quelques petites montées sont suivies d'une côte d'un kil. précédant Nalzen. De Nalzen
à Foix, descente presque continuelle.

Dans Belesta, la r. de Foix tourne à angle droit pour
descendre insensiblement la rive g. de la vallée de
l'*Hers*. Celle-ci est bordée à dr. par une petite chaîne
très régulière, au pied de laquelle s'abritent plusieurs
hameaux, et, à g., par de hautes collines gracieusement boisées.

A la sortie du village de Laguillon, se détache à dr.
(**3.3**) le ch. de La Bastide-sur-l'Hers (4.9) et de Léran
(10.9). Ici, on quitte la vallée de l'Hers pour monter une
côte, longue de deux kil. cinq cents m. (35'), sur les
fertiles mamelons qui séparent du bassin de la *Touyre* ;
belle échappée de vue, à g., dans la direction du pic
Saint-Barthélemy, à l'arrière plan d'une série de montagnes couvertes de forêts.

Au sommet de la côte, on passe au pied de la petite
église de Saint-Jean-d'Aigues-Vives (**3.5**) ; descente
douce dans la vallée de la Touyre, puis arrivée au
bourg industriel de Lavelanet (**3.3** — Ch.-l. d. c. —
2.991 hab. — Hôt. du *Parc* ; d'*Espagne*).

A la place de la *Révolution*, laissant à dr. le ch. de
Mirepoix (18.6), on franchit la Touyre et on continue à
traverser la localité.

La r. s'élève pendant deux kil. sur l'inclinaison d'une plaine, dont la rampe s'accentue à deux reprises (Côtes : 3' et 4'). Au faîte de la montée, on atteint le hameau de Chaubet (**9**) où se détache à g. le ch. de Villeneuve-d'Olmes (1.5) et de Montferrier (4.5). Légère descente, suivie d'une courbe, puis d'une côte (4'), pour gagner un petit col ; ensuite descente vers la vallée d'un ruisseau affluent de la *Douctouyre*.

Parcours d'une jolie région aux pâturages encadrés de sommets boisés. A g. (**9.9**), second ch. de Villeneuve-d'Olmes (1.5), puis, à dr. (**1.9**), ch. de Roquefixade (4.4) et de Soula (10.2). La vallée se rétrécit ; on traverse (**0.7**) la Douctouyre dans le voisinage du hameau de Silence et on remonte la rive g. du ruisseau (Côtes : 4' et 12') jusqu'au village de Nalzen (**9.5**) où finit la rampe.

La r. descend dans la large vallée de la *Baure* en décrivant deux grandes courbes ; à dr., apparaît (**1.6**) sur la hauteur, le village de Roquefixade, à la base d'une belle arête de rochers, et, plus loin, (**4.9**), du même côté, le village de Soula, au pied du pic de l'*Aspre*.

Après avoir traversé des champs fertiles, parsemés d'arbres fruitiers, la r. incline à g. et descend doucement un étroit vallon aux frais ombrages. A sa sortie, on rencontre le village de Celles (**9.6**), situé au pittoresque confluent de la Baure et du *Scios*. Ces deux cours d'eau réunis sont franchis (**1.7**) en approchant de Saint-Paul-de-Jarrat (**0.8**). Devant soi, la vue s'étend sur les montagnes, cultivées jusqu'à leurs sommets, de la vallée de l'*Ariège*. Après avoir traversé la ligne du ch. de fer, on rejoint (**1.6**) la r. d'Ax-les-Thermes à Foix, à l'embranchement du hameau de Saint-Antoine.

Du hameau de Saint-Antoine à Foix (**6.9**), *V*. page 114.

VILLE DE TOULOUSE

TOULOUSE, CHEF-LIEU DU DÉPARTEMENT DE LA HAUTE-GARONNE, CINQUIÈME VILLE DE LA FRANCE, COMPTE 149.791 HABITANTS.

Hôtel recommandé : — Hôtel meublé de la *Poste* (chambres 2 fr. 50), 38, rue d'*Alsace-Lorraine*.

Restaurants : — En dehors des nombreux restaurants et cafés-restaurants, situés aux alentours des places du *Capitole* et *Lafayette*, servant des repas à la carte et à prix fixe (de 1 fr. 25 à 3 fr. 50), on trouve encore de bonnes tables aux hôtels *Tivollier* (déj. et din. 5 fr.), 31, rue d'*Alsace-Lorraine*; de l'*Europe-et-du-Midi* (déj. 3 fr. 50; din. 4 fr.), 6, place *Lafayette*; *Capoul* (déj. 3 fr.; din. 3 fr. 50), 13, place *Lafayette*.

Cafés (avec restaurants) : — de la *Comédie*, des *Américains*, *Albright*; tous trois allée Lafayette. *Richard*, *Bibent*, de la *Paix*; tous trois place du *Capitole*.

Arrivée à Toulouse. — Le cycliste arrivant par le chemin de fer s'arrête à la gare *Matabiau*. Pour se rendre à l'hôtel meublé de la *Poste* (distance : 1 kil. 100 m. ; pavé : 6'), suivre l'itinéraire ci-dessous :

A la sortie de la gare Matabiau, prendre à g. le boulevard de la *Gare*, en bordure du canal du *Midi*. Traverser le canal, au premier pont à dr., pour descendre en ville par l'allée *Lafayette* (macadamisée du côté des numéros pairs). Parvenu à la place Lafayette, contourner le square à dr., et, par la rue Lafayette, la deuxième à dr., gagner la rue d'*Alsace-Lorraine*. Tourner à dr. dans cette rue pour se rendre à l'hôtel meublé de la Poste, situé au n° 38.

Visite de la ville de Toulouse. — Une journée suffit pour visiter la ville de Toulouse. On partagera la promenade en deux itinéraires : celui de la matinée et celui de l'après-midi.

Itinéraire de la matinée (environ 2 h. 1/2). Place du *Capitole* et Hôtel de Ville (belles salles). Sur la place du Capitole, prendre la rue du *Taur* qui passe devant l'église du Taur et conduit à la place *Saint-Sernin*. Eglise Saint-Sernin et Musée Saint-Raymond (arts rétrospectifs; ouvert les Dimanches et Jeudis de midi à 5 h.). Vis-à-vis la façade de l'église Saint-Sernin, suivre la rue du *Peyrou* et traverser la place du Peyrou; ensuite continuer par la rue de l'*Université* et couper la place de l'*Ecole-d'Artillerie*; puis, par la rue *Valade*, gagner la place *Saint-Pierre*, en face du pont suspendu sur la Garonne; franchir le pont (péage, 5 c.). Sur l'autre rive, la rue du *Pont-Saint-Pierre* conduit à la place *Saint-Cyprien* dans le faubourg de e nom. Ici, prenant à g. la rue de la *République*, qui coupe la place *Olivier*, on arrivera au *Pont-Neuf*. De l'autre côté du pont, suivre devant soi la rue de *Metz* (à g., à l'angle de la petite rue de l'Echarpe, visiter la cour de l'*Hôtel d'Assezat*) jusqu'à la place *Esquirol*. A g. de cette place, la rue des *Changes*, prolongée par la rue *Sainte-Rome*, ramène à la place du *Capitole*.

Itinéraire de l'après-midi (environ 4 h.). Prendre sur la place du *Capitole*, soit la rue du *Poids-de-l'Huile*, soit la rue *Lafayette* (l'une à dr., l'autre à g. de l'Hôtel de Ville) et, ayant dépassé le square du *Capitole*, où s'élève le Donjon, rejoindre la rue d'*Alsace-Lorraine*. Suivre cette rue à dr. jusqu'au Musée, situé au N° 2 (ouvert les Dimanches et Jeudis, de midi à 5 h.). A la sortie du Musée, continuer à g. la rue d'Alsace-Lorraine jusqu'à la place *Rouaix*; puis, à g., par les rues *Croix-Baragnon* et *Saint-Etienne*, se rendre à la place *Saint-Etienne*, où se trouve la Cathédrale. A dr. de la cathédrale, suivre la rue *Fermat*. Dans celle-ci, la rue *Merlane*, encore à dr., mène à la place *Mage* qu'on traversera. Vis-à-vis, la rue des *Carmes* aboutit à la place de ce nom où s'élève la halle. Continuer devant soi par la rue des *Polinaires* aboutissant à la rue de la *Dalbade*. Suivre cette rue, à g., dans laquelle on verra l'église de la Dalbade ainsi que trois anciens hôtels particuliers, aux N° 22, 25 et 28. La rue de la *Fonderie*, qui prolonge la rue de la Dalbade, conduit à la place *Saint-Michel*, devant le Palais de Justice. Derrière le palais, l'allée *Saint-Michel*, à g., mène à la *promenade du Grand-Rond*, après avoir dépassé: le *jardin Royal*, à g., et le *jardin des Plantes*, à dr. Au Grand-Rond, prendre à g. l'allée *Saint-Etienne* à laquelle fait suite le boulevard *Sadi-Carnot*. Traverser le carrefour *Lafayette* et, de l'autre côté, suivre le boulevard de *Strasbourg* jusqu'à sa rencontre avec la rue d'*Alsace-Lorraine*. Celle-ci, à g., ramènera soit à l'hôtel, soit à la place du *Capitole*.

Nota. — Le cycliste rentrant à Paris, reviendra soit par le chemin de fer (79 fr. 90 ; 53 fr. 95 ; 35 fr. 10), soit par la route. Dans ce dernier cas, il devra suivre l'itinéraire ci-dessous, de **Toulouse à Paris** (702 kil), dont la description plus détaillée se trouve dans notre *Guide routier de la France*.

DE TOULOUSE À PARIS

Par Lacourtensourt (8), Saint-Jory (9), Castelnau-d'Estretefons (5 — Hôt *La Boiteuse*), Pompignan (7), **Grisolles** (3 — Hôt. du *Lion-d'Or*), Canals (3), **Montauban** (19 — Hôt. du *Midi*), Albias (11 — Hôt. *Saint-Georges*), Réalville (4), **Caussade** (8 — Hôt. du *Commerce*), La Madeleine (17), Ventaillac (7), **Cahors** (15 — Hôt. de l'*Europe*), Pelacoy (16), Pont-de-Rodes (17), Saint-Projet (10), La Séguinie (6), **Payrac** (3 — Hôt. *Rossignol*), Lanzac (13), **Souillac** (3 — Hôt. du *Lion-d'Or*), Cressensac (16), Noailles (12), **Brives** (8 — Hôt. de *Toulouse*), Saint-Antoine (5), **Donzenac** (5 — Hôt. du *Périgord*), Le Gauliat (8), **Uzerches** (17 — Hôt. de *France*), Saint-Georges (10), Masseret (4), Le Marronnier (7), Magnac-Bourg (5 — Hôt. de la *Croix-Blanche*), **Pierre-Buffière** (11 — Hôt. des *Voyageurs*), Boisseul (10), **Limoges** (10 — Grand hôtel *Veyreras*), La Maison-Rouge (14), Chanteloube (15), **Bessines** (7 — Hôt. *Vigier*), Morterolles (5), Le Gros-Dognon (7), Le Dognon (1), La Poste (3), La Ville-au-Brun (6), Bois-Mandi (5), L'Aumône (7), Clidier (2), Le Fay (6), Célon (8), **Argenton-sur-Creuse** (8 — Hôt. de la *Promenade*), Tendu (7), Lothiers (7), La Maison-Neuve (5), **Châteauroux** (10 — Hôt. de *France*; *Sainte-Catherine*), Neuvy-Pailloux (15), **Issoudun** (13 — Hôt. de *France*), Reuilly (16 — Hôt. du *Chapon*), Lury! (6), Méreau (4), **Vierzon** (7 — Hôt. du *Bœuf*), La Loge (14), **Salbris** (9 — Hôt. des *Voyageurs*), La Bourdinière (5), Nouan-le-Fuzelier (7), **La Motte-Beuvron** (10 — Hôt. *Tatin*), **La Ferté-Saint-Aubin** (13 — Hôt. *Boulmier*), Olivet (10), **Orléans** (5 — Hôt. *Saint-Aignan*), Fleury-aux-Choux (3), Saint-Lyé (15), Les Bordes (4), Acquebouille (15), Allainville (4), Andonville (4), Angerville (5 — Hôt. *Haran*), Pussay (5), Authon (11 — Hôt. des *Trois-Marchands*), Les Granges-le-Roi (8), **Dourdan** (8 — Hôt. du *Croissant*), Saint-Cyr-sous-Dourdan (5), Angervilliers (4), **Limours** (7), Les Molières (3), Saint-Remy-les-Chevreuse (4), Toussus (6), Buc (4), **Versailles** (8), Ville-d'Avray (5), Montretout (3), Suresnes (4) et Paris (4).

Paris. — Imp. G. Maurin, 71, rue de Rennes. — 3-1900.